[MusiX]

Das Kursbuch Musik 2 für Bayern

Arbeitsheft 2 | Klasse 7/8

für den Unterricht an allgemeinbildenden Schulen

von Markus Detterbeck
und Gero Schmidt-Oberländer

unter Mitarbeit von Joachim Fischer und Florian Niedrig

HELBLING

Innsbruck • Esslingen • Bern-Belp

Arbeitsheft zum Schülerband
MusiX. Das Kursbuch Musik 2 für Bayern
ISBN 978-**3-86227-342**-3

Im Arbeitsheft wird auf Audio-CDs, eine Video-DVD und eine DVD-ROM verwiesen. Diese enthalten ausschließlich optionale Unterrichtsmaterialien; sie unterliegen nicht dem staatlichen Zulassungsverfahren. Dieses Arbeitsheft greift die Inhalte der Lernbereiche 1, 2, 3 und 4 des LehrplanPLUS in Bayern auf.

Redaktion: Dr. Daniela Galle, Alwin Wollinger
Illustrationen: Achim Schulte (Dortmund), Inkje Dagny von Wurmb (Stuttgart)
Notensatz: Susanne Höppner, Neukloster
Layout und Satz: Marcus Koopmann, Rheurdt
Umschlag: Marinas Werbegrafik, Innsbruck
Druck und Bindung: Athesia Druck, Bozen

Quellenverzeichnis:

Bilder: Getty Images: S. 60 (r.); Helbling Archiv: Vorderseite (2. v. r.), S. 45 (l.), S. 45 (2. v. l.), S. 45 (m.), S. 45 (2. v. r.), S. 45 (r.), S. 46 (l.), S. 46 (2. v. l.), S. 46 (2. v. r.), S. 46 (r.); iStock/4x6: S. 45 (o.); Wikipedia: Vorderseite (r.), S. 60 (l.) © By Thelmadatter – Own work, CC BY-SA 3.0
Noten: S. 5: Peter und der Wolf © Musikverlag Hans Sikorski, Hamburg; S. 11: Turkey Trot © The Leonard Bernstein Music Publishing Co. LLC/Universal Music Publ. GmbH, Berlin; S. 12: Carmina Burana © Schott Music GmbH & Co. KG, Mainz; S. 41: Thema der Hobbits (Lord of the Rings) © New Line Tunes/Universal/MCA Music Publishing GmbH, Berlin; S. 55: Paparazzi © House of Gaga Publishing Inc./June Bug Alley/Sony ATV Songs Llc./Sony-ATV Tunes Llc./Sony/ATV Music Publishing (Germany) GmbH, Berlin

ISBN 978-**3-86227-343**-0

1. Auflage A1[1] / 2020

Alle Drucke dieser Auflage können im Unterricht nebeneinander benutzt werden; sie sind untereinander unverändert.

Inhaltsverzeichnis

Kapitel 7: Filmmusik

Kapitel 8: Rock und Pop II

Kapitel 9: Musik und Medien

Kapitel 10: Musik und Markt

Kapitel 11: Musik anderer Kulturen

Anhang

Music makes the world go round

(→ SB, S. 6)

Grundwissen aufgefrischt

Fachbegriffe rund um den Rhythmus

Finde je ein Beispiel für die genannten Erklärungen in den Noten, ordne sie mit Pfeilen zu und schreibe zu jedem Beispiel den entsprechenden Fachbegriff.

○ vorübergehendes Schweigen einzelner oder mehrerer Stimmen

____

○ drei Achtelnoten, welche die Zeitdauer einer Viertelnote einnehmen

____

Musik: S. Prokofjew
© Sikorski

○ eine Gruppe von regelmäßig betonten Grundschlägen (eine Gruppe von vier Viertelnoten bezeichnet man z. B. als 4/4-Takt)

____

○ Ein Punkt hinter einer Note verlängert diese um die Hälfte ihres Wertes.

____

○ Klangdauer: Zwei Achtelnoten entsprechen einer Viertelnote.

Notenwerte

Die Synkope – eine Störung in der Musik?

(→ SB, S. 8)

Aufgabe 1

(→ SB, S. 9)

a) Notiere die ersten vier Takte des „Ohne-Synkopen-Songs" unter dem „Synkopen-Song". Beachte dabei, dass die Noten genau unter den jeweiligen Zählzeiten stehen.

Text u. Musik: M. Detterbeck, G. Schmidt-Oberländer
© Helbling

Synkopen-Song

Zählzeiten 1 2 3 4 1 2 3 4 1 2 3 4 1 2 3 4

Ohne-Synkopen-Song

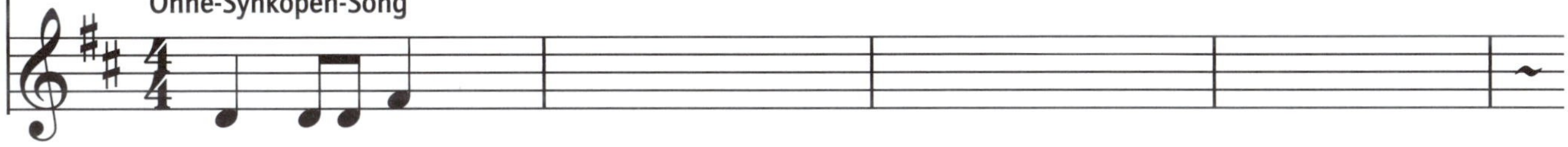

b) Markiere in Takt 2 und 4 mit blauer Farbe die Stellen im „Synkopen-Song", an denen der Rhythmus vom „Ohne-Synkopen-Song" abweicht.

c) Beschreibe, auf welche Weise der Rhythmus an den markierten Stellen verändert wurde. Verwende dazu folgende Begriffe: Achtelnote – vorgezogen – Zählzeiten.

____

____

d) Die „Verschiebung" der Betonungen auf unbetonte Zählzeiten nennt man Synkope. Singe die beiden Abschnitte. Verfolge dabei genau die Noten. Beschreibe dann die unterschiedliche Wirkung der beiden Songs mit eigenen Worten.

____

____

____

! Grundwissen aktiv

Synkopen

Fülle den Lückentext aus.

Wird eine ________________ auf eine ________________ Zählzeit verlagert („vorgezogen"), so nennt man dies ______________ . ________________ bringen ________________ und ________________ in die Musik.

Hier siehst du einen Rhythmus ohne und (darunter notiert) mit Synkopen. Verdeutliche die Synkopen mit Pfeilen.

Kontraste – ein Marsch, ein Tanz

(→ SB, S. 10)

Aufgabe 2

(→ SB, S. 11, A 2)

In seinem Ballett „Der Nussknacker" lässt Tschaikowski die Zinnsoldaten paradieren.

a) Höre dir das Hauptmotiv an und verfolge den Notentext. Lies dir anschließend die kurze Analyse zum Hauptmotiv durch. Trage die markierten Fachbegriffe der Analyse in die Kästchen im Notentext ein.

Marsch (Ausschnitte)

Hauptmotiv

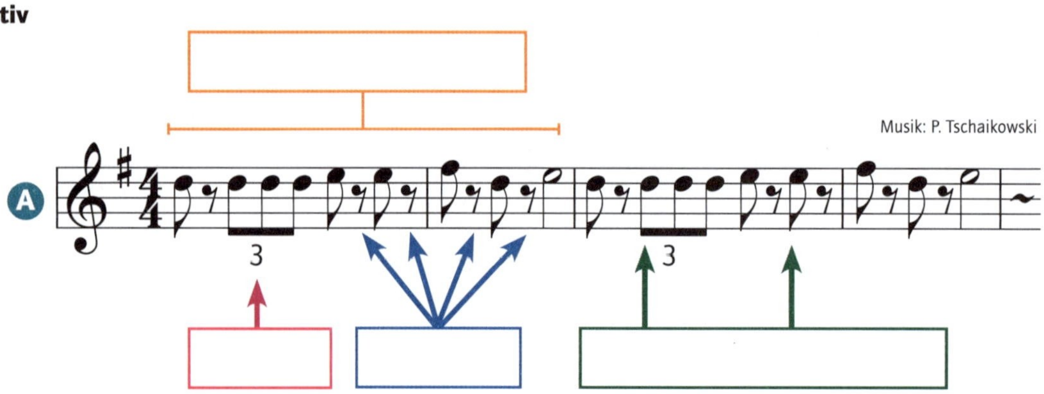

Analyse:

Im Hauptthema wird ein zweitaktiges Motiv wiederholt. Das Motiv wirkt durch die Verwendung der Triole und Tonwiederholungen markant. Die Pausen bewirken, dass die Noten nur kurz angespielt und deswegen „zackig" wirken. Dadurch entsteht der Eindruck einer Militärparade.

b) Vergleiche nun das Hauptmotiv mit den beiden folgenden Notenbeispielen. Benenne jeweils Gemeinsamkeiten und Unterschiede zum Hauptmotiv mithilfe folgender Auswahlbegriffe:

Auswahlbegriffe: *hüpfender, beschwingter Rhythmus – längere Notenwerte – absteigende Melodie – rhythmische Ähnlichkeit – rhythmischer Kontrast – Terzsprünge – Tonwiederholung*

B

C

Aufgabe 3 (A 12–14)

(→ SB, S. 11, A 3)

a) Höre den gesamten Marsch „Der Nussknacker" an. Trage in den Ablaufplan unten die Abfolge der Motive A, B und C ein. Jeder Abschnitt umfasst vier Takte.

b) Trage in den Ablaufplan unter „Beschreibung" eine der Aussagen ein, die du auf den Kärtchen im Schülerbuch (S. 11 unten) findest. Markiere anschließend farbig, wo die musikalischen Gestaltungsmittel **Wiederholung**, **Veränderung** oder **Kontrast** benutzt werden.

Ablaufplan:

Motiv	A				
Beschreibung	Wdh., Bläser				

Grundwissen aufgefrischt

Vortragsbezeichnungen

Im Suchgitter sind 20 Fachbegriffe versteckt. Markiere sie farbig und ordne sie den verschiedenen musikalischen Parametern zu.

O	D	N	A	R	E	L	E	C	C	A	O	Y	E
E	R	S	P	I	A	N	I	S	S	I	M	O	Z
T	O	T	A	G	E	L	A	R	G	O	I	H	E
N	R	A	D	L	E	K	N	U	D	N	S	E	T
A	G	C	D	J	Z	T	A	C	E	T	S	L	A
D	E	C	R	E	S	C	E	N	D	O	I	L	M
N	L	A	N	O	D	N	A	D	R	A	T	I	R
A	L	T	R	E	M	O	L	O	F	O	R	T	E
J	A	O	G	L	I	S	S	A	N	D	O	F	F
I	O	N	A	I	P	R	E	S	T	O	F	J	S

Tempo	*Allegro,*
Lautstärke	
Artikulation	
Tonhöhe	
Klangfarbe	

Recyclical: Musik aus der Mülltonne

(→ SB, S. 12)

Aufgabe 4

(→ SB, S. 13, A 4a)

Gruppenarbeit: Überlegt in eurer Gruppe, wie ihr einen abwechslungsreichen Ablauf des Stückes von ca. 1 Minute gestalten könnt. Markiere im Ablaufplan farbig, an welchen Stellen welche „Instrumente" spielen.

	Takt 1–4	Takt 5–8	Takt 9–12	Takt 13–16	Takt 17–20	Takt 21–24	Takt 25–28	Takt 29–32
Flasche								
Plastikbeutel								
Zeitungspapier								
Paper-Sticks								
Stimme								

Allerlei Takt

(→ SB, S. 15)

! Grundwissen aktiv

Regelmäßige und unregelmäßige Taktarten

Ergänze den Lückentext.

Eine Gruppe von Grundschlägen bezeichnet man als __________ . Die Anzahl der ______________________ bestimmt in der Regel die ____________________ . Betrachtet man den Aufbau von **regelmäßigen Taktarten**, fällt auf, dass diese ausschließlich aus ________________________________ oder ________________________________ zusammengesetzt sind.

Ein 4/4-Takt besteht aus zwei ____________________________ : 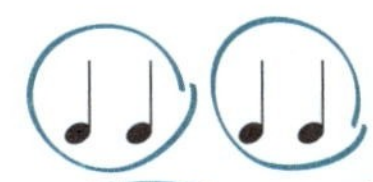

Ein 6/8-Takt besteht aus zwei ____________________________ : 

In **unregelmäßigen Taktarten** sind Zweier- und Dreierbausteine ________________ . Dabei gibt es keine feste Vorgabe, in welcher Reihenfolge die Bausteine aufeinander folgen müssen.

Markiere für die abgebildeten Beispiele eine mögliche Verteilung der Bausteine.

5/4 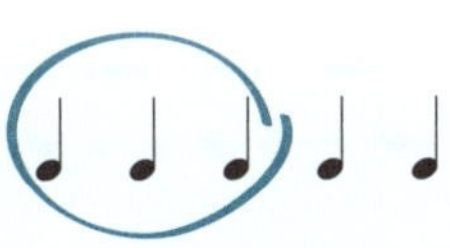 5/4  7/8 

Musiklabor: Takt

(→ SB, S. 17)

Aufgabe 5

a) Führe den Grundschlag mit dem Faust-Hand-Pattern aus und sprich dazu folgende Rhythmen mit Rhythmussilben.

1 

4 

2 

5 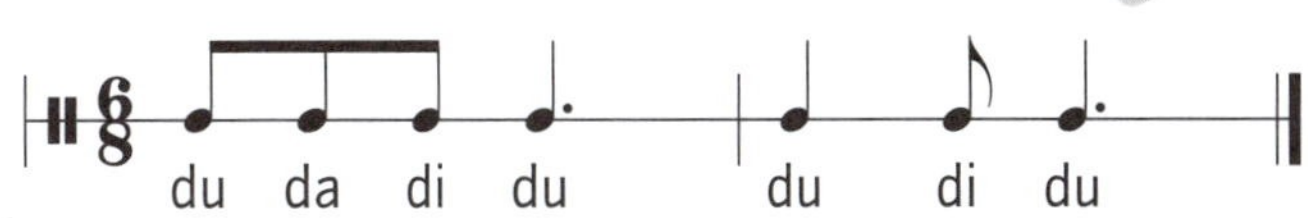

3 

6 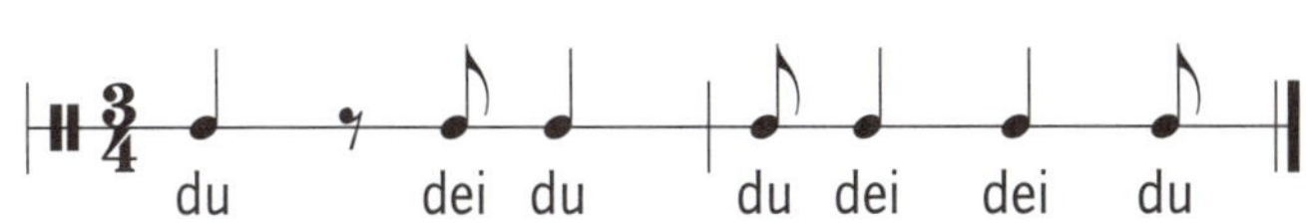

b) Erfinde eigene Rhythmen.

[Tipp] Beachte, dass die Silbe „du" immer auf den Grundschlag fällt.

Aufgabe 6

(→ SB, S. 17, A 1)

Ordne die abgebildeten Magic-Beat-Sheets den unten stehenden Notenbeispielen zu und ergänze die fehlenden Taktangaben und Taktstriche in den Notenbeispielen.

A

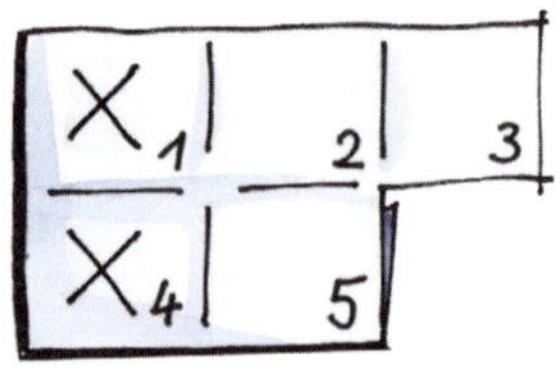

C

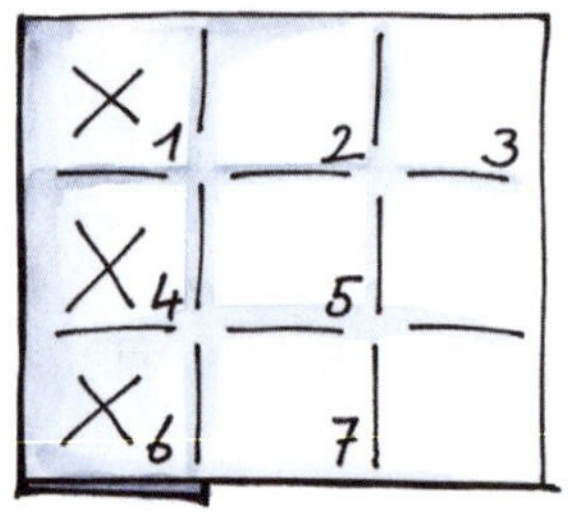

D

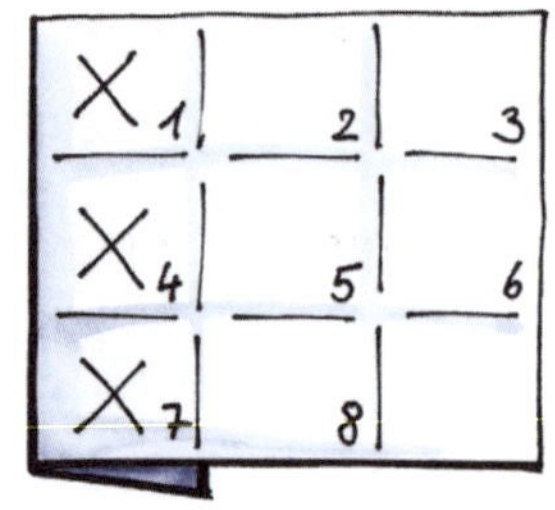

B

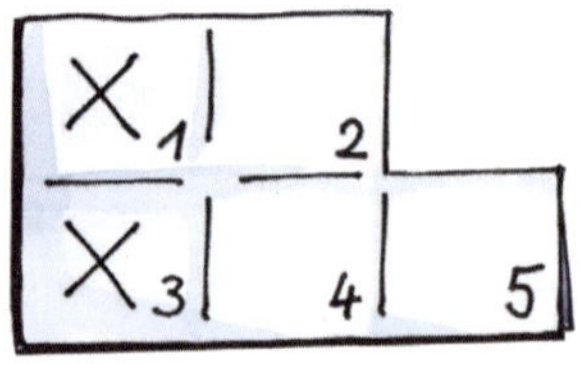

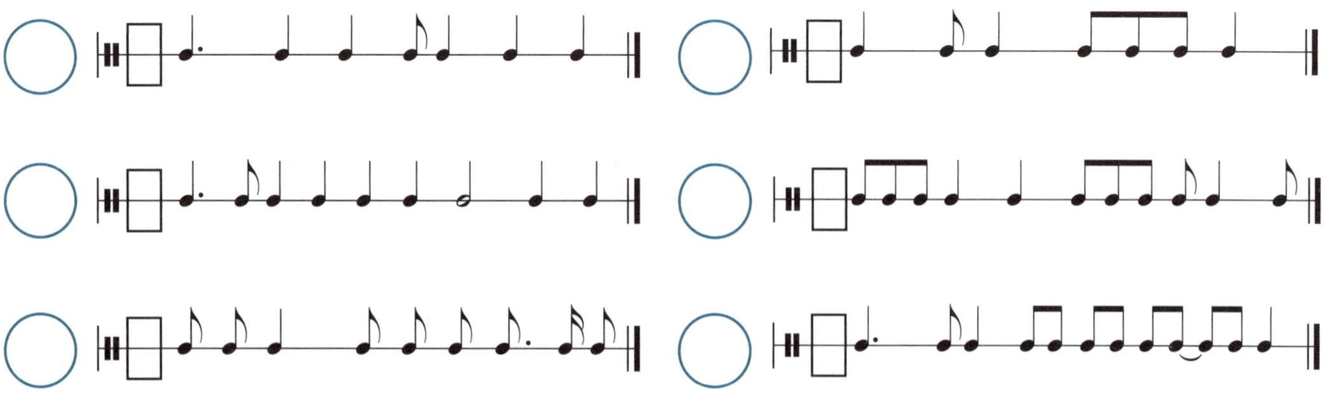

Aufgabe 7

(→ SB, S. 17, A 2a)

A 21

Hörquiz: Ordne die vier Hörbeispiele den abgebildeten Rhythmen zu. Bestimme dann die Taktarten und trage sie in die Noten ein.

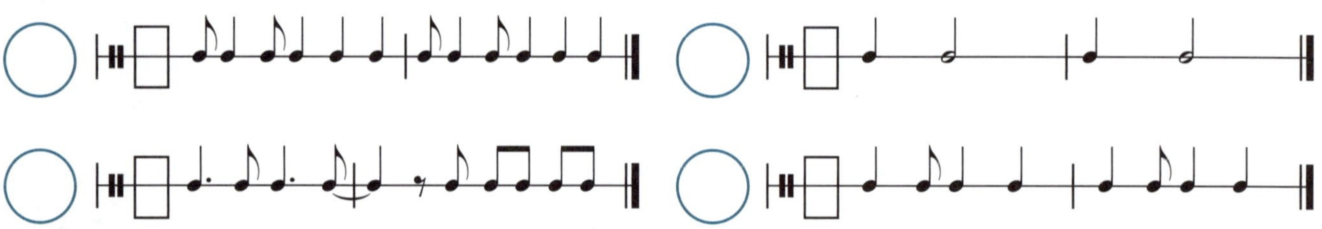

[Das habe ich in diesem Kapitel gelernt]

	Klar kann ich das!	Das gelingt mir meistens.	Das fällt mir noch schwer.
+ Synkopen zu erkennen und ihre Wirkung zu beschreiben			
+ rhythmische Grundbegriffe sicher anzuwenden			
+ Musik mit angemessenen Fachbegriffen zu beschreiben			
+ mit Alltagsinstrumenten einen Groove zu spielen			
+ regelmäßige und unregelmäßige Taktarten hörend und lesend zu unterscheiden			

Ein lustiger Tanz der Truthähne

(→ SB, S. 22)

Aufgabe 1 A 28

(→ SB, S. 23, A 2)

a) Höre dir die musikalische Umsetzung der stolzierenden Truthähne von Bernstein an. Trage dazu in die Kästchen die unten stehenden musikalischen Besonderheiten ein und markiere mit Pfeilen die jeweiligen Stellen.

4/4-Takt im Wechsel mit 3/4-Takt – große, abrupte Melodiesprünge – Halbtonschritte (Chromatik) – Marschelemente (4/4-Takt → Foxtrott-Tanz) – Synkopen – ungewohntes Ende der Melodie: Überraschungseffekt

Turkey Trot

Musik: L. Bernstein

b) Ergänze den Lückentext, der erklärt, welche Details der stolzierenden Truthähne Bernstein wohl jeweils mit den oben genannten musikalischen Mitteln ausdrücken wollte.

______________________ zeigen das stolze Umherlaufen der Tiere. ______________________ und ______________________ stellen die etwas unbeholfenen Bewegungen und das Stolpern dar. ______________________ charakterisieren das Hin- und Herlaufen. Die ______________________ und ______________________ weisen auf die Ziellosigkeit, Orientierungslosigkeit der Truthähne in der großen Menge hin.

! Grundwissen aktiv

Taktwechsel

Der Wechsel von verschiedenen Taktarten in einem Stück bringt manchmal Humor in die Musik (wie z. B. beim „Turkey Trot"). Manche Komponistinnen und Komponisten verwenden dieses Mittel aber auch, um Spannung und Abwechslung in ihre Werke zu bringen.

Carl Orff hat in seiner Komposition „Carmina Burana" viele Stücke mit Taktwechsel komponiert. Schreibe die richtigen Taktarten an die markierten Stellen. Es kommen folgende Taktarten vor: 3/8-Takt, 6/8-Takt, 12/8-Takt und 4/4-Takt.

Musik: C. Orff
© Schott Music

Aufgabe 2

Leonard Bernstein nutzt in seiner Komposition zahlreiche Taktwechsel. Taktwechsel sind auch in einigen Volksliedern bzw. Volkstänzen aus dem süddeutschen Raum ein prägendes musikalisches Element. Wegen der Taktwechsel nennt man diese auch „Zwiefache". Hier sind Melodie und Text eines solchen Tanzes abgedruckt.

Leitl müaßts lustig sei

Melodie

Text u. Musik: überliefert aus der Oberpfalz

Text

Leit, Leit, Leitl müaßts lustig sei, lustig sei, derfts, derfts, derfts ja net traurig sei, traurig sei …

a) Schreibe den Text unter die Melodie (eine Silbe pro Note).
b) Sprich dir den Text laut vor, singe dann das Lied und setze zuletzt die Taktstriche vor die betonten Wortsilben.
c) Prüfe dann für jeden Takt die Taktart und schreibe sie immer wieder dort in die Noten, wo sie sich ändert.
d) **Gruppenarbeit:** Erfindet in kleinen Gruppen einfache Tanzschritte, die zum Lied passen, und stellt sie der Klasse vor.
e) **Gruppenarbeit:** Bildet drei Gruppen und gestaltet eine Aufführung des Liedes: Gruppe 1 singt das Lied, Gruppe 2 begleitet mit der abgebildeten Bodypercussion, Gruppe 3 führt verschiedene Tanzschritte aus der Gruppenarbeitsphase bei Aufgabe d) aus. Wechselt dann die Rollen.

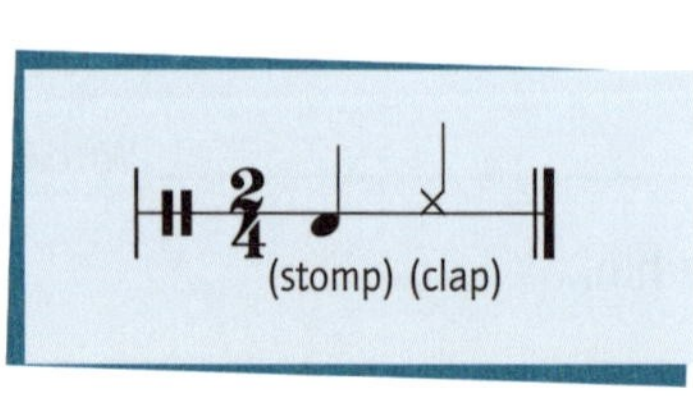

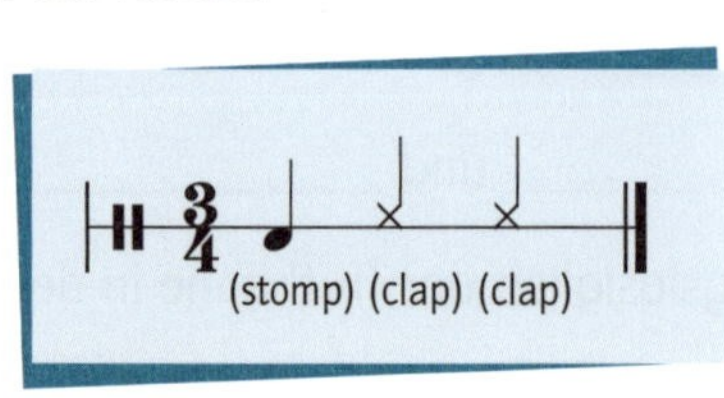

Bernstein – ein musikalisches Universum

(→ SB, S. 24)

Aufgabe 3

(→ SB, S. 24, A 1)

Erarbeitet eine Talkshow mithilfe der Rollenkarten und der Angaben im Schülerbuch. Recherchiert zusätzlich zu den Informationen im Buch folgende Fragen im Internet:

- Woher stammten Bernsteins Eltern und inwiefern hat das manche seiner Kompositionen beeinflusst?

- Finde heraus, warum Bernstein außer Englisch auch Jiddisch, Deutsch und Spanisch konnte.

- Wo und mit welchem Orchester fanden die im Fernsehen übertragenen „Young People's Concerts" statt? Findet zwei Beispiele für Inhalte dieser Sendungen.

- Fasse die Handlung der „West Side Story" kurz zusammen.

- Erläutere, warum die Handlung der „West Side Story" sich für groß angelegte Tanzszenen eignet.

Aufgabe 4

A 29–31

(→ SB, S. 25, A 2)

Höre die Ausschnitte aus Bernsteins Kompositionen an. Beschreibe stichpunktartig den Charakter der Werke und notiere die Besetzung. Nenne für jedes Hörbeispiel einen typischen Aufführungsort.

	Charakter	Besetzung	Aufführungsort
1			
2			
3			

Aufgabe 5

(→ SB, S. 25, A 3)

a) Informiere dich noch einmal über die Komponisten Johann Sebastian Bach, Wolfgang Amadeus Mozart und Leonard Bernstein. Ergänze dein eigenes Wissen (z. B. aus „MusiX 1") durch Internetrecherche oder andere Quellen.

b) Vergleiche die Lebenssituationen und die Möglichkeiten der drei Komponisten miteinander, indem du die Tabelle ausfüllst.

	J. S. Bach	**W. A. Mozart**	**L. Bernstein**
Beschreibe das Arbeitsverhältnis.			
Stelle das Wirkungsfeld des Komponisten dar (Heimat, Ausland, Reisen ...).			
Erkläre, in welchem Umfang ein Kontakt oder Austausch mit anderen Künstlerinnen und Künstlern stattgefunden hat.			
Benenne die Fortbewegungsmittel, die dem Komponisten zur Verfügung standen.			
Charakterisiere die Orte, an denen Konzerte des Komponisten stattfanden.			
Beschreibe jeweils das Konzertpublikum.			
Erkläre, welche Medien dem Komponisten zur Verbreitung seiner Werke zu Verfügung standen.			

Popular in feeling – die „Chichester Psalms"

(→ SB, S. 26)

Aufgabe 6 A 32

(→ SB, S. 26, A 1)

Trage in die Tabelle deine Klangprognose für die beiden Teile ein. Verwende dafür auch andere Begriffe als laut/leise, hoch/tief oder langsam/schnell. Überprüfe dann beim Hören deine Erwartungen.

	Tonhöhe		Lautstärke		Tempo	
	erwartet	gehört	erwartet	gehört	erwartet	gehört
Teil A Wacht auf, Harfe und Leier, ich will das Morgenrot wecken!						
Teil B Jauchzt dem HERRN, alle Länder! Dient dem HERRN mit Freude! Kommt vor sein Angesicht mit Jubel!						

Romeo und Julia in New York

(→ SB, S. 28)

Aufgabe 7 A 37, 38

(→ SB, S. 28, A 2)

Ordne die beiden Hörbeispiele den Gruppen der Jets (weiße US-Amerikaner) und Sharks (US-Amerikaner aus Puerto Rico) zu. Begründe deine Entscheidung, indem du auf Instrumentation und stilistische Elemente eingehst und nutze dazu unter anderem die Begriffe aus der Wolke im Schülerbuch S. 28.

HB	Gruppe	Instrumentation	stilistische Elemente
1			
2			

[Das habe ich in diesem Kapitel gelernt]

	Klar kann ich das!	Das gelingt mir meistens.	Das fällt mir noch schwer.
+ Taktwechsel zu erkennen und zu notieren			
+ Aspekte über Bernsteins Leben zu erarbeiten			
+ Eigenschaften verschiedener Werke von Bernstein zu benennen			
+ Lebenssituationen und Möglichkeiten von Musikern verschiedener Epochen zu unterscheiden			
+ zu beschreiben, wie Bernstein Psalmen vertont hat			

Songs begleiten – gar nicht so schwierig

(→ SB, S. 34)

Grundwissen aufgefrischt

Dreiklänge in Dur und Moll

Jeder Dreiklang besteht in seiner Grundstellung aus zwei Terzen:

A-Dur

kleine Terz
große Terz

Beim Dur-Dreiklang ist **unten** eine **große Terz** und **oben** eine **kleine Terz.**

g-Moll

große Terz
kleine Terz

Beim Moll-Dreiklang ist **unten** eine **kleine Terz** und **oben** eine **große Terz.**

große Terz = Abstand von ____________________

kleine Terz = Abstand von ____________________

Untersuche und beschrifte die folgenden Dreiklänge:

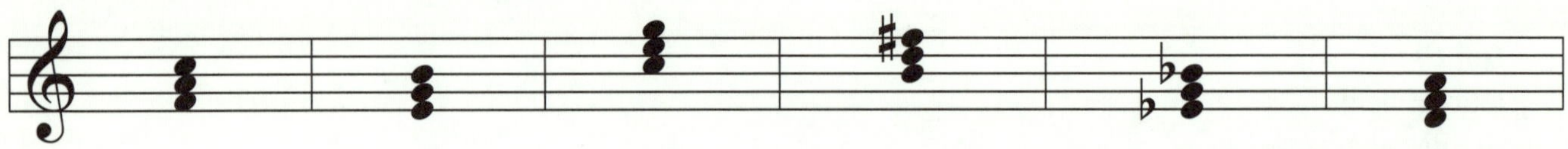

__________ __________ __________ __________ __________ __________

Aufgabe 1

Bestimme hörend, ob es sich um einen Dur- oder um einen Moll-Dreiklang handelt.

1.	2.	3.	4.	5.	6.

Aufgabe 2

(→ SB, S. 34, A 1)

In der Melodielinie sind die Noten auf der Zählzeit 1 farbig hervorgehoben.

a) Schreibe die Notennamen der markierten Töne in die gelben Kästchen.

Let My Light Shine Bright (Refrain)

Text u. Musik: überliefert

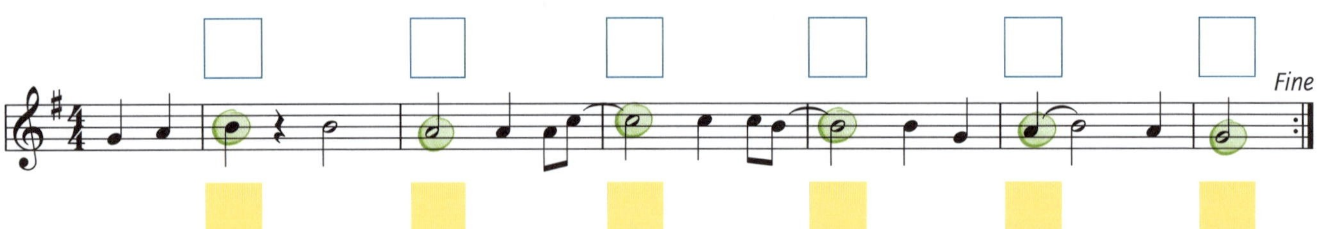

b) Zur Begleitung der Melodie genügen die drei nebenstehenden Dreiklänge. Schreibe zunächst die Notennamen der Dreiklangstöne neben den jeweiligen Akkord. Ergänze dann im Kästchen neben dem Dreiklang den entsprechenden Akkordnamen.

c) Finde den jeweils passenden Begleitakkord für die Melodie. Schreibe die passenden Akkordsymbole (D, G oder C) in die Kästchen über der Melodie.

[Tipp] Der Melodieton muss im Akkord enthalten sein. Passen zwei Akkorde, musst du entscheiden, welcher der beiden Akkorde zum Melodieverlauf besser passt. Nutze dazu z. B. das Klavier und spiele die infrage kommenden Dreiklänge zur Melodie.

Grundwissen aufgefrischt

Dreiklangsumkehrung

Dreiklänge lassen sich „verwandeln". Wenn man den unteren Dreiklangston um eine Oktave nach oben versetzt, verändert sich die Gestalt und auch der Klang des Dreiklangs. Die veränderte Form des Dreiklangs wird Umkehrung genannt.

GS 1. UK 2. UK

Ergänze den Lückentext.

Grundstellung (GS): Die Töne eines Dreiklangs sind in ________________ übereinandergeschichtet.

Der Grundton liegt ____________ .

1. Umkehrung (1. UK): Versetzt man den unteren Ton um eine ______________ nach oben, erhält man eine andere Gestalt. Der ________________ liegt nun oben.

2. Umkehrung (2. UK): Versetzt man ein weiteres Mal den unteren Ton um eine Oktave nach oben, erhält man nochmals eine andere Gestalt. Der Grundton liegt jetzt in der _________ .

Aufgabe 3

a) Schreibe die Dreiklangsumkehrungen für den G-Dur-Dreiklang auf.

GS ________ ________

b) Notiere den D-Dur-Dreiklang in der Grundstellung und seine beiden Umkehrungen.

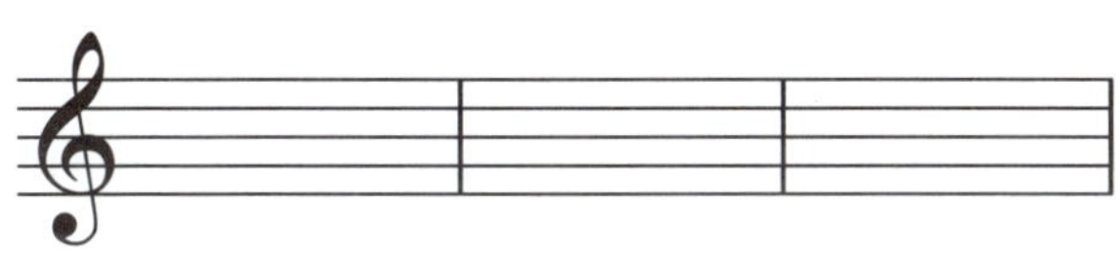

________ ________ ________

Aufgabe 4

Notiere die Begleitakkorde für den Refrain von „Let My Light Shine Bright" (s. Aufgabe 2). Halte dich dabei an die Regeln für die Verbindung von Dreiklängen und verwende die entsprechenden Akkordumkehrungen.

Aufgabe 5

Markiere in jedem Dreiklang den Grundton farbig. Benenne dann die Dreiklänge und deren jeweilige Umkehrung.

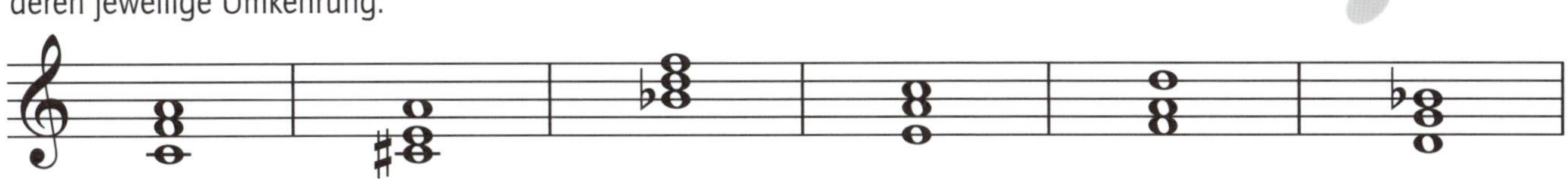

F-Dur ________ ________ ________ ________ ________

2. UK ________ ________ ________ ________ ________

Aufgabe 6

Knobelaufgabe für Profis: Finde heraus, welche Farbe für welchen Ton steht, und markiere die Bausteine entsprechend.

[Tipp] Überlege zunächst, welche gemeinsamen Töne G-Dur und e-Moll haben. Für den letzten farbigen Baustein bleibt nur noch ein Stammton übrig.

G-Dur ________ e-Moll ________

________ 1. UK ________ 2. UK

Grundwissen aktiv

Hauptstufen

Ergänze bei der abgebildeten F-Dur-Tonleiter die römischen Ziffern, die die verschiedenen Stufen der Tonleiter bezeichnen.

I II ______ ______ ______ ______ ______ ______

Benenne die Ziffern der Hauptstufen: _____ , _____ und ____ Stufe.

Ergänze die fehlenden Dreiklangstöne der Hauptstufen.

Akkordverbindungen

(→ SB, S. 36)

Aufgabe 7

Ergänze den Lückentext zum Thema „Schlusswirkung".

Der harmonische Verlauf (der aufeinander folgenden Akkorde) vor dem Schlussakkord bestimmt die ____________________ . Besonders der ______________ Akkord spielt hier eine wichtige Rolle. Eine gute Schlusswirkung ergibt sich, wenn folgende Bedingungen erfüllt sind:

1. Der Schlussakkord ist der Akkord auf der _________ Stufe und fällt auf den ________________________ (meist Zählzeit 1 des letzten Taktes).

2. Der Akkord vor dem Schlussakkord besteht aus ______________ Tönen als der Schlussakkord und sollte den ____________ (7. Ton leitet in den Grundton) enthalten. Der Akkord auf der ______________ Stufe erfüllt diese Voraussetzung und ist als Akkord vor dem Schlussakkord besonders wirkungsvoll.

Aufgabe 8

Die nachfolgenden Notenbeispiele zeigen verschiedene Kadenzen.

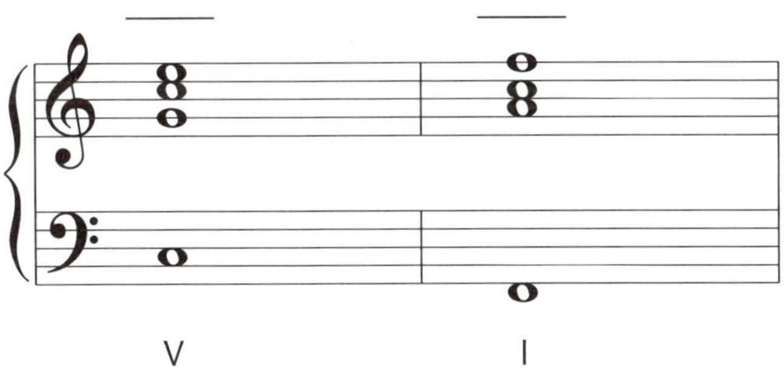

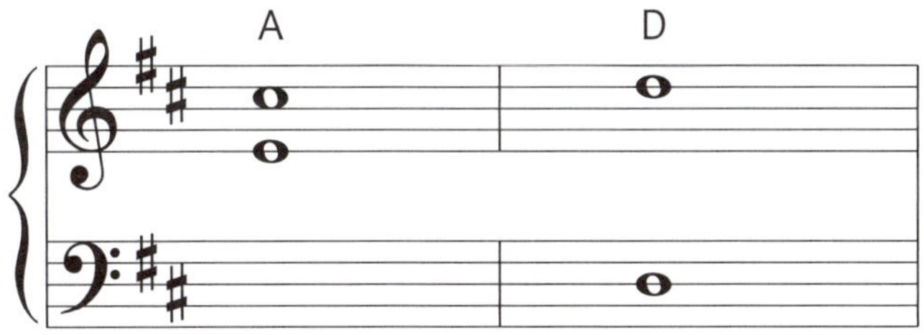

a) Schreibe die Akkordsymbole über die beiden Dreiklänge.

b) Ergänze die fehlenden Töne. Der Bass spielt Grundtöne; die Dreiklänge schreiten so fort, dass gleiche Töne liegen bleiben und die anderen den kürzesten Weg gehen.

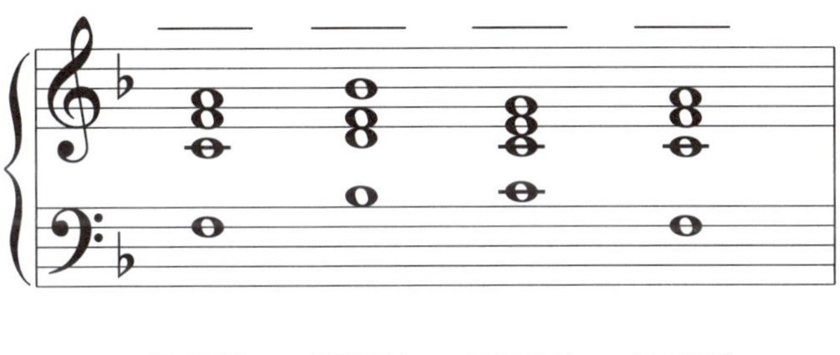

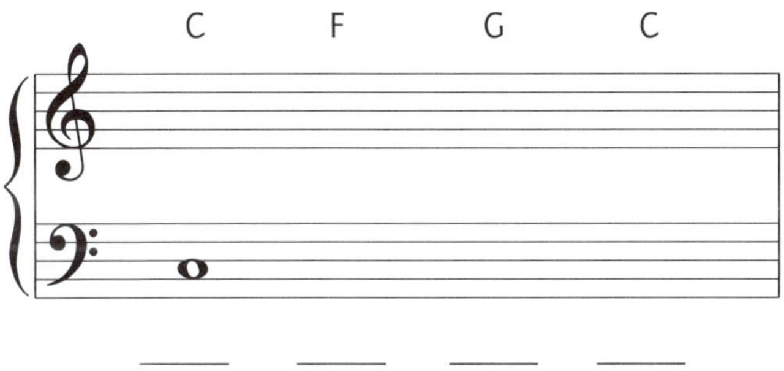

c) Ergänze Akkordsymbole und Stufen. Markiere Quintfall und Leitton, auch in der ersten und zweiten Kadenz.

[Tipp] Der Leitton führt in einem Halbtonschritt zum Grundton und muss nicht in der obersten Stimme liegen.

d) **Für Profis:** Schreibe die Kadenz unter Beachtung der Stimmführungsregeln aus. Beginne mit dem C-Dur-Dreiklang in der 1. Umkehrung. Notiere im Bass den Grundton des jeweiligen Akkordes. Ergänze die Stufen, markiere Quintfall und Leitton.

! Grundwissen aktiv

Kadenz

Ergänze den Lückentext.

Eine Kadenz ist eine Abfolge von ____________, die zum ______________ einer Tonart führen. In der Abfolge ___________ ➜ I. Stufe wird durch den Quintfall und die Fortschreitung des ______________ in den ______________ die Abfolge „Spannung" ➜ „____________________" besonders deutlich. Die ______________ I – IV – V – I oder auch _____________ enthalten alle _______________, also den gesamten ___________________ der Tonart.

Ergänze in der nebenstehenden Kadenz …

… die fehlenden Akkordsymbole über den Noten,

… die fehlenden Stufenangaben unter den Noten,

… die fehlenden Noten im oberen System,

… die Begriffe „Leitton", „Grundton" und „Quintfall" mit den zugehörigen Pfeilen.

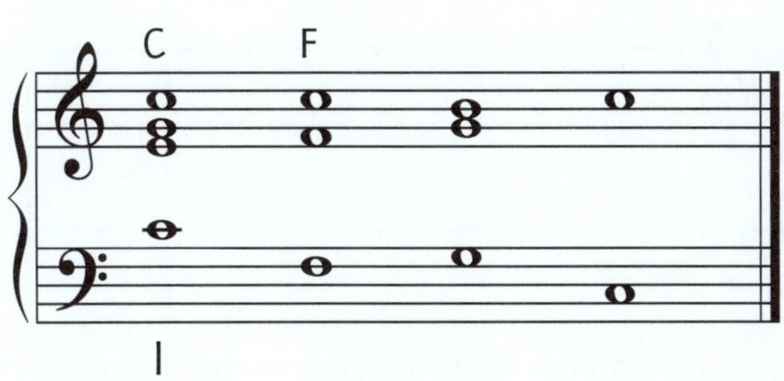

„Jambo Bwana“ – ein Hit aus Kenia

(→ SB, S. 38)

Aufgabe 9

(→ SB, S. 39, A 4b)

a) Schreibe die beiden Melodien (SB, S. 39 unten) in das obere Notensystem (Melodie 1 mit Hälsen nach oben, Melodie 2 mit Hälsen nach unten). Füge im Notensystem darunter die jeweiligen Grundtöne im Bass-Schlüssel hinzu. Notiere in den Kästchen die Intervalle der Töne im Verhältnis zum Grundton.

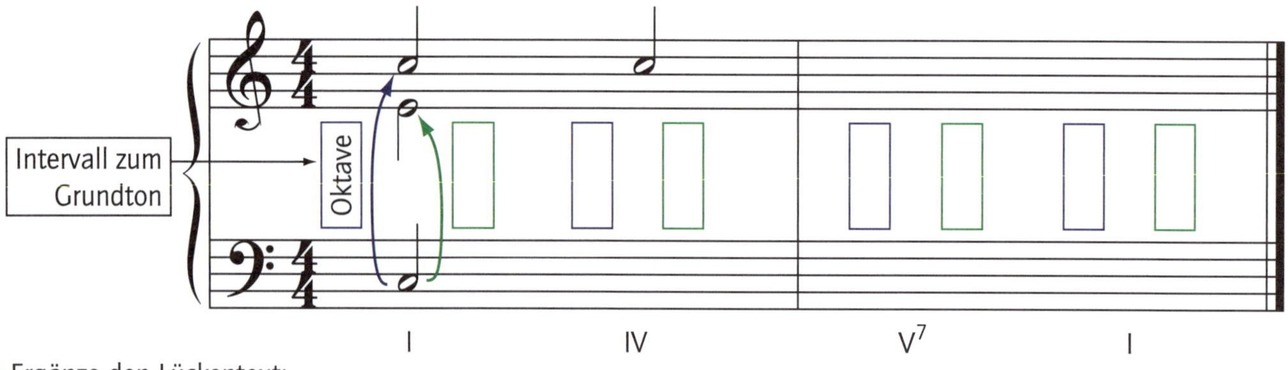

b) Ergänze den Lückentext:

Die Schlusswendung hat hier durch die Verwendung eines ______________________ auf der V. Stufe eine besonders ____________ ____________ : Zum einen strebt der ____________ nach ________ , zum anderen strebt die ____________ ____________ nach ________ .

Ein Weihnachtslied in Orchesterbearbeitung

(→ SB, S. 42)

Aufgabe 10

a) Notiere die Töne der drei Akkorde d-Moll, g-Moll und A-Dur in Grundstellung und deren beide Umkehrungen.

[Tipp] Informiere dich dazu noch einmal über die Dreiklangsumkehrungen im Schülerbuch (S. 35 und S. 168).

	GS	1. UK	2. UK
d-Moll			
g-Moll			
A-Dur			

b) Übertrage das Begleitpattern für das Lied „Ce matin“ in die Tonarten g-Moll und A-Dur. Beachte dabei die Regeln für die Verbindung von Dreiklängen.

g-Moll

A-Dur

c) **Gruppenarbeit:** Entscheidet, mit welchen Instrumenten ihr euren Begleitsatz spielen wollt, und gestaltet eine abwechslungsreiche Begleitung des Liedes.

Aufgabe 11

(➜ SB, S. 43, A 6)

a) Notiere den ersten Teil der Liedmelodie in Dur. Markiere dazu zunächst, welche Töne verändert werden müssen.

Text u. Musik: überliefert

Moll:

Dur:

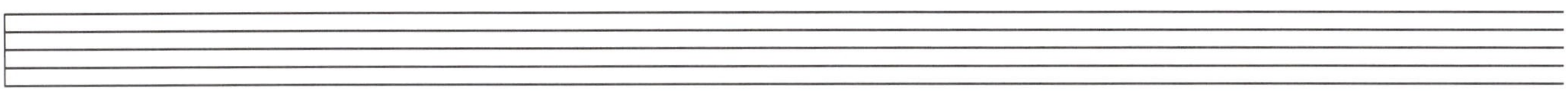

b) Singt die Melodie auf Singsilbe (z. B. „du") zunächst in Moll, dann in Dur.

Aufgabe 12

a) Markiere im folgenden Notenbeispiel die vorkommenden Dominantseptakkorde. Schreibe dazu zunächst die Töne der Akkorde in Terzschichtung in die leere Zeile.

b) Schreibe jeweils einen Dominantseptakkord in G-Dur und F-Dur. Beachte, dass der Akkord auf der V. Stufe der Tonart gebildet wird.

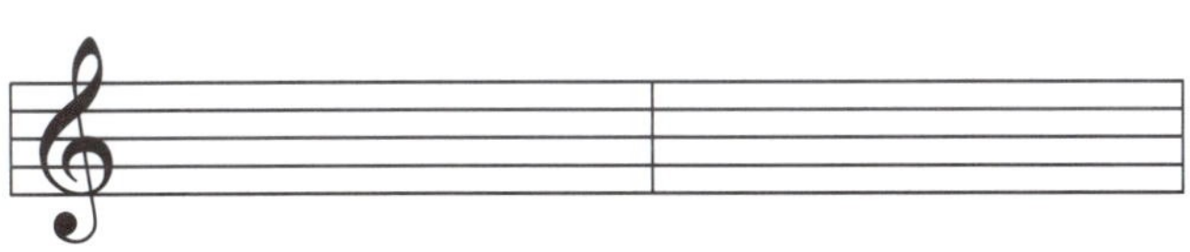

[Das habe ich in diesem Kapitel gelernt]

	Klar kann ich das!	Das gelingt mir meistens.	Das fällt mir noch schwer.
+ passende Akkorde zur Liedbegleitung zu finden			
+ Dreiklangsumkehrungen und Dominantseptakkorde zu erkennen und zu bilden			
+ Akkordverbindungen zu notieren und dabei Regeln für die Verbindung von Dreiklängen anzuwenden			
+ passende Akkorde zur Liedbegleitung zu finden und zu notieren			
+ zu skizzieren, wie Georges Bizet die Tongeschlechter Dur und Moll in der „Farandole" einsetzt			

Stimmen der Welt

(→ SB, S. 48)

Aufgabe 1 (B 25–30)

(→ SB, S. 48/49, A 1/2)

Höre dir die sechs Hörbeispiele an. Sie stammen aus verschiedenen Regionen der Welt.

a) Notiere in Stichpunkten, welche stimmlichen Besonderheiten dir dabei auffallen.

b) Verwende die Texte im Schülerbuch (S. 48/49), um Herkunft und Bezeichnung des jeweiligen Hörbeispiels zu bestimmen.

HB	stimmliche Besonderheiten	Herkunft und Bezeichnung
1		
2		
3		
4		
5		
6		

Von hohen und tiefen Stimmen

(→ SB, S. 50)

Aufgabe 2 (B 31–36)

(→ SB, S. 50, A 1/2)

a) Höre dir die sechs Hörbeispiele an und notiere auf einem Blatt die Besonderheiten der einzelnen Stimmen in Stichpunkten. Hefte das Blatt anschließend hinten im Arbeitsheft ab.

[Tipp] Verwende auch die Begriffe der Wolke im Schülerbuch (S. 50).

b) Ordne die Bilder der Sängerinnen und Sänger im Schülerbuch (S. 50) deinen Beschreibungen zu. Warum ist das in einigen Fällen nicht eindeutig möglich?

____

____

Aufgabe 3 (B 37)

(→ SB, S. 50, A 4)

a) Ergänze die vier Stimmlagen, in die sich Singstimmen unterteilen lassen.

- hohe Frauen-/Kinderstimme: ____________
- tiefe Frauen-/Kinderstimme: ____________
- hohe Männerstimme: ____________
- tiefe Männerstimme: ____________

b) Höre dir einen Ausschnitt aus dem „Requiem" von Wolfgang Amadeus Mozart an und notiere die Reihenfolge, in der die verschiedenen Stimmlagen einsetzen.

1. ____________ 2. ____________ 3. ____________ 4. ____________

Die Königin der Nacht

(→ SB, S. 51)

Aufgabe 4

(→ SB, S. 51, A 1)

Internetrecherche: Stelle wichtige Informationen über „Die Zauberflöte", die beteiligten Personen und die Handlung zusammen.

a) Ergänze zunächst die Infokarte zu „Die Zauberflöte".

Die Zauberflöte

Komponist: ______________________ **Textdichter:** ______________________

Sprache: ____________ **Anzahl der Akte:** ______ **Jahr der Uraufführung:** ______

Ort der Uraufführung: ____

____

Gattung: ______________________

b) Benenne die Personen, die an der Handlung beteiligt sind.

____

____

____

c) Schreibe die ersten Worte des Liedes auf, mit dem sich Papageno bei der ersten Begegnung mit Tamino vorstellt.

____

d) Nenne den Namen des Herrschers, der Pamina gefangen hält.

____

e) Notiere in Stichpunkten, welche Rolle die Königin der Nacht spielt. Gehe dabei der Frage nach, wer ihre Tochter ist und wer sie entführt hat.

____

____

____

____

____

____

Aufgabe 5 B 38

a) Höre die Arie der Königin der Nacht an und ergänze unten stehende Aspekte. Verwende unter anderem die Auswahlbegriffe.

Stimmfach: ______________________________

Tempo: ______________________________

Charakter: ______________________________

Stimmeigenschaften: ______________________________

Auswahlbegriffe: *aufgeregt, hektisch – Koloratursopran – schnell – sehr beweglich, extreme Höhe*

b) Analysiere die Notenausschnitte bezüglich der musikalischen Mittel, die Mozart verwendet, um den Text umzusetzen. Markiere die entsprechenden Stellen und notiere dazu stichwortartig Erklärungen im Notentext.

Text: E. Schikaneder
Musik: W. A. Mozart

A

B
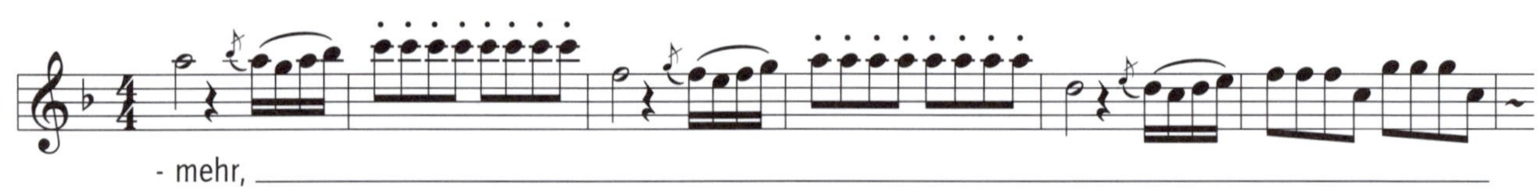

C

D
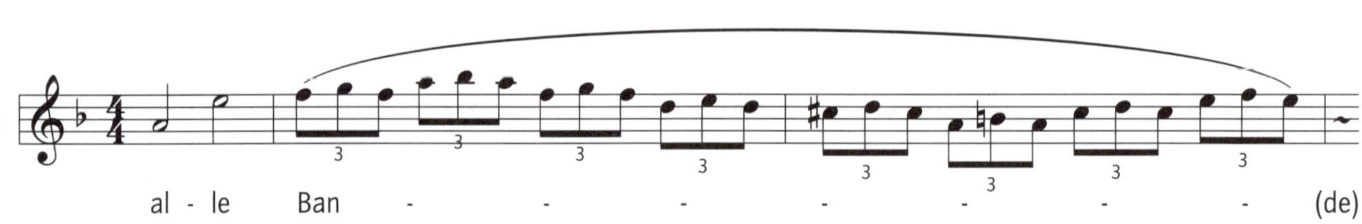

Auswahlbegriffe: *absteigende Tonleiter – Figur mit vier Sechzehntelnoten – Oktavsprung von oben – sehr hohe Tonlage – Sextsprung aufwärts – staccato – Tonumspielung – Tonwiederholung – Triolenfiguren – viele Noten auf einer Silbe*

Aufgabe 6

Vergleiche die Interviewaussagen bekannter Sängerinnen im Schülerbuch (S. 51) und notiere in Stichpunkten, welche Herausforderungen mit dem Beruf einer Opernsängerin verbunden sind.

____

____

Vom Leben ausgeschlossen: Der Leiermann

(→ SB, S. 53)

Aufgabe 7 B 44

(→ SB, S. 53, A 4)

Analysiere mithilfe des Hörbeispiels und der Partitur, wie Franz Schubert den Text vertont hat. Markiere dazu in der Partitur aussagekräftige Stellen und notiere jeweils Erklärungen, welche musikalischen Mittel er verwendet hat. Betrachte unter anderem Tonart, melodische Ideen, Dynamik (Lautstärkeangaben) und die Interaktion von Klavier und Gesangsstimme.

Der Leiermann B 44

Text: W. Müller
Musik: F. Schubert

Aufgabe 8

Nutze nun die Ergebnisse deiner Analyse, um die fehlenden Informationen im Text zu ergänzen.

Der Text erweckt einen Ausdruck von ______________________________ .

Um diese Grundstimmung im Leben des Leiermanns musikalisch darzustellen, verwendet Franz Schubert das Tongeschlecht ________ und eine Klavierbegleitung, die von Wiederholungen und kurzen Motivfloskeln geprägt ist: Die linke Hand spielt lediglich die beiden Töne ______________ , also das Intervall einer ______________ . Diese durchgehende Begleitung ist typisch für eine Drehleier und wird ______________________ genannt. In der rechten Hand erklingt eine kurze Melodie, die ______________________________ ______________________________ . Die Gesangsstimme klingt über der Klavierbegleitung wie ein Rezitativ, da ______________________________ ______________________________ . Die Lautstärke des gesamten Liedes ist im ____________ gehalten. Nur am Ende findet ein kurzer Ausbruch statt, der die Emotionen des Textes unterstützt.

Stimmwechsel

(→ SB, S. 57)

Aufgabe 9

Die drei Abbildungen zeigen die Abfolge der Stimmlippenbewegung bei der Tonerzeugung. Verfasse einen Text, der den Vorgang des Singens erläutert, mithilfe folgender Begriffe: Druck baut sich auf – Luft entweicht – Unterdruck entsteht – Wechsel zwischen geschlossener und offener Stimmritze – entweichende Luft erzeugt Ton.

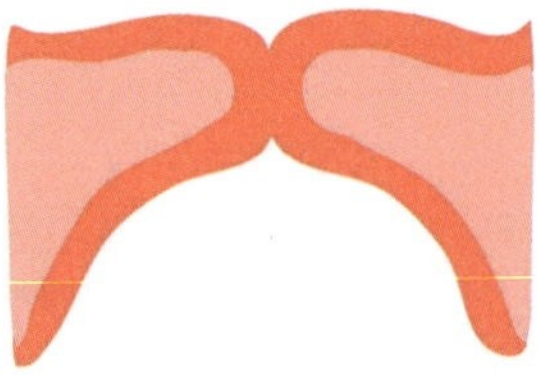

geschlossene Stimmlippen

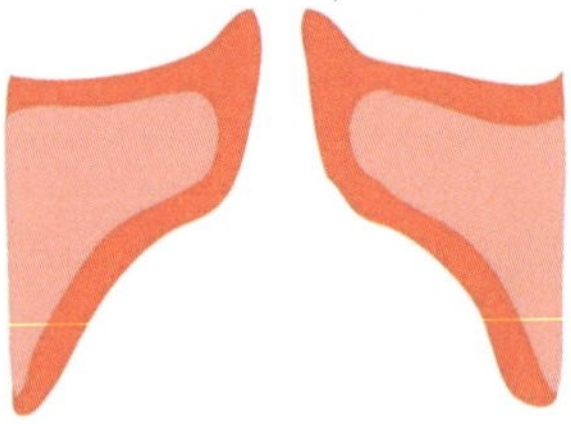

Luft entweicht durch die Stimmritze

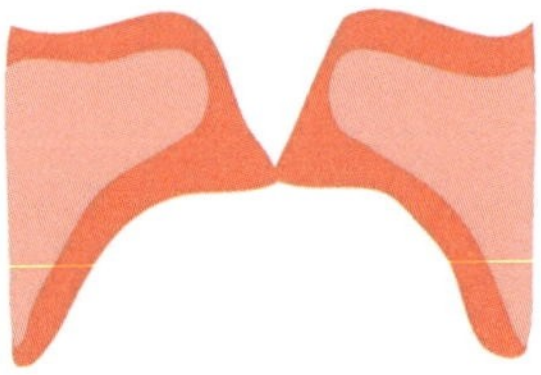

Stimmlippen werden geschlossen

Übrigens: Singen wir beispielsweise den Ton *a'*, wiederholt sich dieser Vorgang 440 Mal pro Sekunde!

____

____

____

____

____

____

____

Aufgabe 10

Fülle den Lückentext aus.

In der ______________ , die im Alter von 11 bis 13 Jahren eintritt, verändert sich die Kinderstimme. Sie wirkt rau, ___________ und brüchig. Dieser Vorgang wird als ________________ oder Stimmwechsel bezeichnet. Bei Jungen und Mädchen werden die ___________________ dicker und ______________ . Dies ist ein über mehrere Monate – gelegentlich sogar über ein Jahr – andauernder Prozess. Grund für das sprichwörtliche „Brechen" der Stimme ist das ungleichmäßige Wachstum der ___________________ . Die Knabenstimme ___________ dabei um etwa eine ____________ (8 Töne), die Stimme der Mädchen etwa um eine __________ (3 Töne) ab.

[Das habe ich in diesem Kapitel gelernt]	Klar kann ich das!	Das gelingt mir meistens.	Das fällt mir noch schwer.
✚ unterschiedliche Singweisen auf der Welt zu erkennen und zu beschreiben			
✚ verschiedene Stimmlagen zu unterscheiden und zu benennen			
✚ musikalische Mittel der Textausdeutung zu analysieren			
✚ zu erläutern, wie sich die Stimme in der Pubertät verändert			

Egmont und die Freiheit

(→ SB, S. 62)

Aufgabe 1 C 18

(→ SB, S. 62, A 1)

a) Markiere farbig folgende Elemente im Partiturausschnitt und ordne die Begriffe durch Nummern zu.

Egmont-Ouvertüre (Beginn)

legato = gebunden

nacheinander einsetzende Stimmen

einzelne Holzblasinstrumente

forte = laut

piano = leise

prägnanter Rhythmus

wuchtige Akkorde

Musik: L. v. Beethoven

staccato = abgestoßen

alle Streichinstrumente

marcato = markiert

kontrastierende Farben der Instrumente

fließender Rhythmus

„Seufzer"

Rhythmus der Sarabande (alter spanischer Tanz)

b) Am Beginn seiner Komposition charakterisiert Beethoven die spanischen Besatzer und das unter der Unterdrückung leidende Volk. Erörtere in einem kurzen Text, welche musikalischen Mittel Beethoven verwendet, um die jeweiligen Parteien darzustellen. Nutze dazu die Ergebnisse der Partiturarbeit oben.

Aufgabe 2

Beethoven verwendet den Rhythmus der Sarabande. Formuliere einen kurzen Text darüber, welche Gründe dies haben könnte.

Info: Die Sarabande ist ein barocker höfischer Tanz, der ursprünglich aus Spanien stammt und zum festen Bestandteil barocker Suiten wurde.
Als Schreittanz hat er den charakteristischen Rhythmus  .

Aufgabe 3

(→ SB, S. 63, A 2)

a) Setze den Partiturausschnitt rechts in Beziehung zum Beginn der Ouvertüre. Notiere in Stichpunkten, welche Elemente Beethoven übernommen hat und wie sie verändert wurden.

b) Notiere eine Begründung, warum Beethoven die Veränderungen wohl vorgenommen haben könnte.

Egmont-Thema

Musik: L. v. Beethoven

Aufgabe 4

(→ SB, S. 63, A 3)

Höre den Schluss und notiere mögliche Erklärungen, warum Beethoven sich dafür entscheidet, nach dem Tod Egmonts eine triumphale Musik voller Jubel zu komponieren.

Szenische Fantasien

(→ SB, S. 66)

Aufgabe 5 (CD 25)

(→ SB, S. 67, A 2)

Beethoven stellt im 2. Satz seines Klavierkonzerts Nr. 4 das Klavier dem Orchester kontrastierend gegenüber. Notiere die musikalischen Gestaltungsmittel, die im Kontrast zueinander stehen. Markiere sie anschließend mit der entsprechenden Farbe im Partiturausschnitt.

Orchester ⟷	Klavier
laut (forte)	molto cantabile (gesanglich)

Klavierkonzert Nr. 4, 2. Satz

Musik: L. v. Beethoven

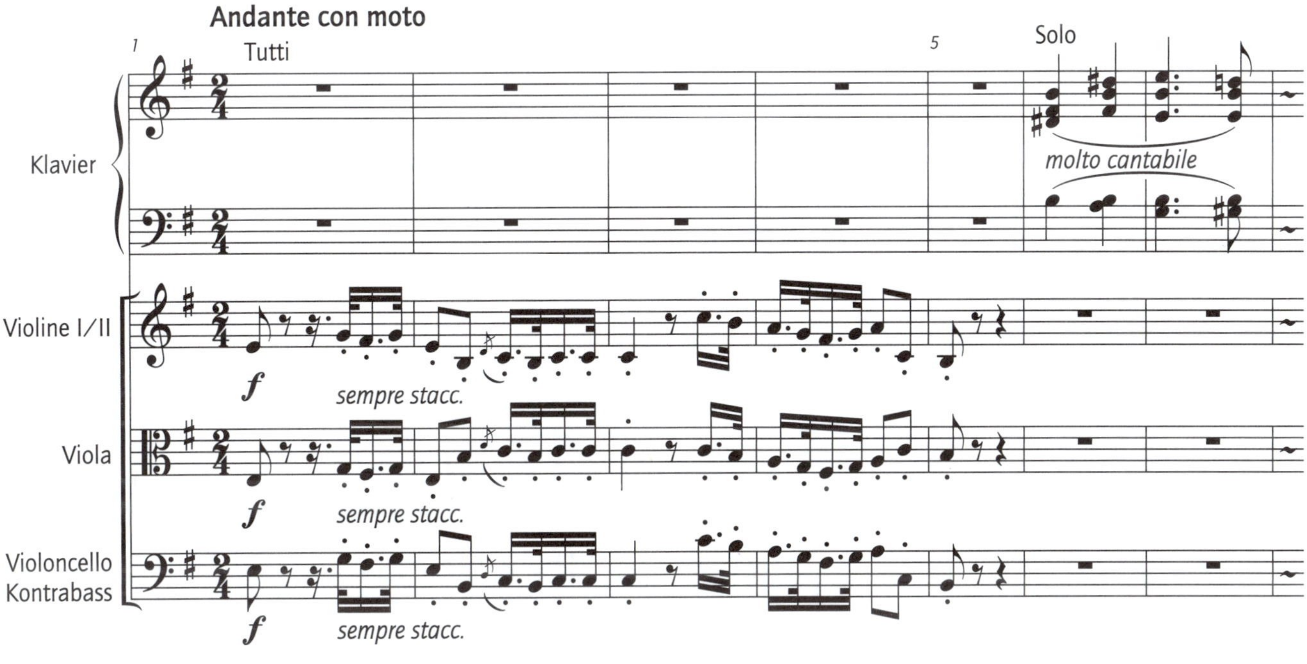

Aufgabe 6 (CD 25)

(→ SB, S. 67, A 3)

Höre dir den gesamten 2. Satz von Beethovens Klavierkonzert an und skizziere den Ablauf als Hörpartitur. Trage dazu zunächst mit Bleistift Schlangenlinien zu den Zeiten ein, an denen das Orchester bzw. das Klavier spielt. Verwende dazu eine Stoppuhr. Kontrolliere beim zweiten Anhören deine Aufzeichnungen und korrigiere sie gegebenenfalls.

Ablaufplan:

Klavier																	
Orchester																	
Zeit	0:00	0:15	0:30	0:45	1:00	1:15	1:30	1:45	2:00	2:15	2:30	2:45	3:00	3:15	3:30	3:45	3:50

Grundwissen aktiv

Die klassische Sinfonie

(→ SB, S. 68)

Die Sinfonie ist die wichtigste Gattung der Wiener Klassik. Sie ist ein mehrsätziges Stück für Orchester. Die Übersicht zeigt den typischen Aufbau einer Sinfonie im späten 18. Jahrhundert.

Ordne Tempo und italienische Begriffe den einzelnen Sätzen richtig zu. Markiere dazu die Begriffe in den entsprechenden Farben.

Ergänze dann wichtige musikalische Merkmale der einzelnen Sätze. Die Wissensbox auf S. 68 im Schülerbuch gibt dir weitere Hinweise.

Satz	Tempo	italienische Bezeichnung	musikalische Merkmale
1. Satz	tänzerisch	Presto	
2. Satz	schnell	Menuetto	
3. Satz	sehr schnell, fröhlich	Allegro molto	
4. Satz	langsamer/gehend	Andante	

Aufgabe 7

26

(→ SB, S. 68, A 2b)

a) Markiere in der Partitur mit der entsprechenden Farbe, zu welchen Instrumentengruppen des Orchesters (Streichinstrumente, Holzblasinstrumente, Blechblasinstrumente, Schlaginstrumente) die Instrumente jeweils gehören.

b) Kennzeichne farbig, welche Instrumente in den ersten beiden Takten bzw. in den Takten 5 und 6 die Melodie spielen.

Musik: L. v. Beethoven

Die Geschichte einer Fälschung

(→ SB, S. 69)

Aufgabe 8
C 27

(→ SB, S. 69, A 3)

a) Verdeutliche mit zwei unterschiedlichen Farben, welche Instrumente am Anfang des 2. Satzes die Melodie bzw. Begleitfiguren spielen.

b) Singt den Anfang des „Metronom-Kanons" (SB, S. 69) und findet die Instrumente in der Partitur, die diese Melodie spielen. Ergänze Anton Schindlers Text bei den entsprechenden Instrumenten.

Musik: L. v. Beethoven

Variationsbaukasten

(→ SB, S. 70)

Aufgabe 9
C 30

(→ SB, S. 71, A 6)

a) Höre dir das Hörbeispiel an. Beschreibe das Thema von „Ich bin der Schneider Kakadu" mithilfe der Auswahlwörter.

Der Schneider Kakadu (Thema)

Musik: W. Müller

____

____

Auswahlbegriffe: *Achtelrepetitionen (Wiederholungen) – ansteigende Melodie – Auftakt – große Sprünge – lange Liegetöne – Pausen – Sechzehntelfigur*

b) Höre dir die 3. Variation der Trio-Variationen an. Markiere in der Partitur, wo das Thema zu finden ist. CD 32

Variation III CD 32 Musik: L.v. Beethoven

c) Ergänze den Lückentext.

Das ______________ begleitet das Cello mit ________________ . Das _____________ umspielt die Melodietöne mit Sechzehntelnoten. Die _____________________ des Themas finden sich aber auch in der ____________ Stimme des _______________ .

Grundwissen aktiv

Variation

Ergänze den Lückentext.

Ausgehend von einem Thema können bei einer Variation folgende musikalische Parameter verändert werden:

- die ________________ (z. B. durch Umspielungen)
- die _________________ (Lautstärke)
- der _______________ (Veränderung der Notenwerte)
- das ______________________ (Dur/Moll)
- die _________________ (z. B. mit Dreiklängen oder Gegenstimmen)

[Das habe ich in diesem Kapitel gelernt]

	Klar kann ich das!	Das gelingt mir meistens.	Das fällt mir noch schwer.
+ zu schildern, wie Beethoven die Geschichte Egmonts musikalisch umsetzt			
+ zu beschreiben, wie Beethoven musikalische Kontraste komponiert			
+ den Aufbau einer klassischen Sinfonie zu beschreiben und die wichtigsten Tempobezeichnungen zu nennen			
+ verschiedene Möglichkeiten aufzuzählen, Musik zu variieren			

Am Mischpult bei den *Wise Guys*

(→ SB, S. 77)

Aufgabe 1

Jeder Kanal eines Mischpultes enthält:

- **einen Lautstärke-Regler:** Fader
- **die räumliche Verteilung der Stimme auf die Lautsprecher:** Panorama-Regler
- **eine Stumm-Schaltung:** Mute-Taste

a) Recherchiere die Bedeutung der Begriffe im Internet und verbinde die blau markierten Fachbegriffe mit den entsprechenden Teilen des Mischpultes.

b) Betrachte folgende Mischpulteinstellungen und trage jeweils die Kanalnummern ein, auf die die entsprechenden Aussagen zutreffen. Übertrage dann die Kanaleinstellungen ins virtuelle Mischpult und höre dir die Abmischung an.

Mute	● ○	● ○	● ○	○ ●	● ○	● ○
Pan						
Fader	*0*	*-30*	*-10*	*0*	*10*	*10*
Kanal	**1**	**2**	**3**	**4**	**5**	**6**

Stimme/Kanal

____ zu laut

____ falsch platziert

____ fehlt

____ zu leise

c) Erläutere, welche Aspekte beim Abmischen wichtig sind.

Lautstärke: ____________________

Hauptstimme (Melodiestimme): ____________________

Panorama: ____________________

____

Im Studio – vom Song zur fertigen Aufnahme

(→ SB, S. 78)

Aufgabe 2

(→ SB, S. 79, A 1)

Lies dir im Schülerbuch (S. 78/79) die Informationen über die Arbeit in einem Tonstudio durch und schaue dir dann das Video zum Tonstudio an. Beantworte anschließend folgende Fragen:

a) Welche Räume gibt es in einem Tonstudio? ____________________

b) Welche Eigenschaften müssen solche Räume haben?

____

____

____

c) Beschreibe den Weg des Tonsignals von der Studiomusikerin oder dem Studiomusiker zum Computer. Bringe dazu die folgenden Begriffe in die richtige Reihenfolge:
Effekte/Signalbearbeitung – Kabel – Mikrofon – Mischpult – Regieraum – Steckfeld

Studiomusikerin/-musiker → ________ → ________ → ________ → ________

→ ________ → ________ → *Computer (Harddiscrecording)*

d) Notiere, in welcher Reihenfolge die Aufnahmen beim Multitrack-Verfahren gemacht werden.

❶ ______________ ❷ ______ ❸ ____________________________ ❹ ______________

e) Beschreibe drei Verfahren, mit denen die Tontechnikerin oder der Tontechniker die Tonspuren nach erfolgter Aufnahme noch verändern kann.

Aufgabe 3

(→ SB, S. 79, A 2)

Schreibe einen kurzen Text über den Ablauf einer Songproduktion, in dem alle daran beteiligten Personen vorkommen. Orientiere dich bei der Formulierung an der Grafik im Schülerbuch (S. 79).

Ein Song – drei Stile

(→ SB, S. 80)

Aufgabe 4

D 14–16

(→ SB, S. 80, A 1)

Höre dir die Aufnahmen der drei Stilistiken an und trage die musikalischen Besonderheiten der jeweiligen Stilistik in die Tabelle ein.

Stilistik	musikalische Besonderheiten
Rock 'n' Roll	
Pop-Ballade	
Reggae	

Your song – my song: Coverversionen

(→ SB, S. 82)

Aufgabe 5 20, 22–24

(→ SB, S. 83, A 2)

Vom Hit „It's My Life" gibt es zahlreiche Coverversionen.

a) Höre dir das Original von *Bon Jovi* an. Trage in die Tabelle ein, welche Instrumente spielen. Beschreibe dann den Sound. Die unten abgedruckten Auswahlbegriffe helfen dir dabei.

b) Höre dir nun die Ausschnitte verschiedener Coverversionen an. Vervollständige anschließend die Tabelle.

Interpret	Besetzung	Sound
Bon Jovi (Original)		
Paul Anka		
DJ Squared		
Viva Voce		

Auswahlbegriffe: *a cappella – andere Akkorde und Bassläufe – Background Vocals – Ballade – Bass – Big-Band-Sound – Blasinstrumente – dynamisch – E-Gitarre – Gesang (3 x) – Keyboard – Klavier – rockig – ruhig – Schlagzeug (2 x) – Swing – Synthesizer – Technosound – Vocal Percussion*

! Grundwissen aktiv

Coverversion

Ergänze den Lückentext.

Wenn Musikerinnen und Musiker einen erfolgreichen Song nachspielen, nennt man das „__________".

Die ______________ behält in der Regel alle wesentlichen Merkmale des Songs (Melodie, ____________ und ____________) bei. ______________ spielen die Songs meist originalgetreu nach, während andere Interpretationen sich in ___________ oder __________ vom Original stärker unterscheiden.

Aufgabe 6

(→ SB, S. 84)

a) **Gruppenarbeit:** Entscheidet, welche Tanzbausteine (SB, S. 85) ihr für welchen Formteil von „It's My Life" verwenden wollt. Achtet dabei auf die unterschiedliche Länge der Bausteine. Notiert eure Ideen in der Tabelle unten.

b) Entscheidet euch für die Version einer Gruppe und schreibt deren Bausteine als Merkhilfe auf ein großes Plakat.

Intro 4 Takte	Strophe 1 8 Takte	Prechorus 4 + 1 Takte	Chorus 16 Takte	Zwischenspiel 4 Takte

Strophe 2 8 Takte	Prechorus 4 + 1 Takte	Chorus 16 Takte	Git.-Solo 8 Takte	Bridge 4 + 1 Takte	Chorus 32 Takte

Rock goes classic

(→ SB, S. 86)

Aufgabe 7 D 25

(→ SB, S. 86, A 2/3)

Die Band *Emerson, Lake and Palmer (ELP)* setzt die Komposition „Bilder einer Ausstellung" von Modest Mussorgski mit den klanglichen und musikalischen Möglichkeiten des Bandinstrumentariums um.

a) Markiere und beschrifte im Notentext jeweils musikalische Besonderheiten, anhand derer sich die beiden Ausschnitte unterscheiden lassen.

b) Ordne die Notenbeispiele den Hörbeispielen zu.

Bilder einer Ausstellung (Ausschnitte)

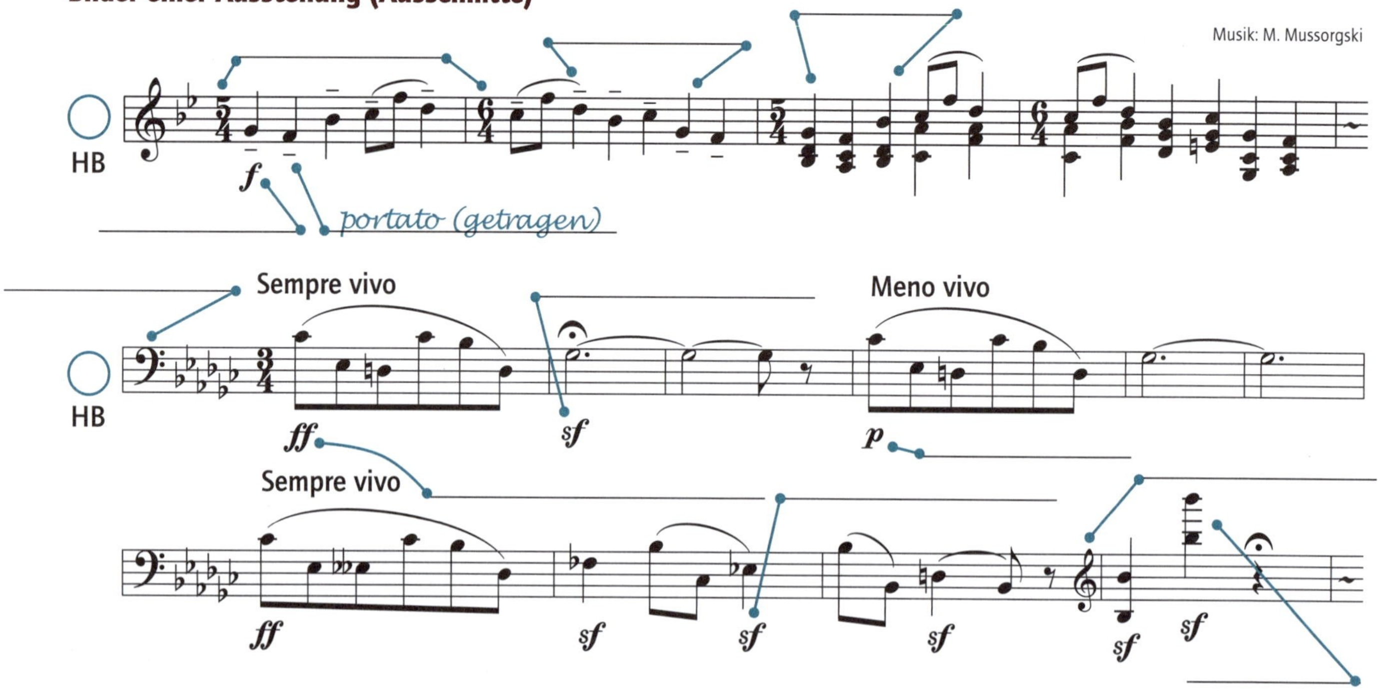

c) Das untere der beiden Notenbeispiele ist dem Stück „Gnomus" (lat.: *Zwerg*) entnommen. Beschreibe, wie Mussorgski den Zwerg musikalisch charakterisiert.

____

____

____

____

____

____

! Grundwissen aktiv

Programmmusik

Ergänze den Lückentext.

[Tipp] Die Wissensbox im Schülerbuch (S. 87) hilft dir dabei.

Programmmusik stellt ohne Worte, also nur mit __________ , etwas Außermusikalisches dar. Dabei nehmen die Komponistinnen und Komponisten Anregungen aus unterschiedlichen Bereichen auf, z. B. aus __________ , __________ , __________ und __________ .

Aufgabe 8 (CD 27, 28)

(→ SB, S. 87, A 4)

Höre dir den Mittelteil des Stückes „Gnomus" zunächst im Original (Mussorgski) und dann von *Emerson, Lake and Palmer* an. Notiere für jede Notenzeile Gemeinsamkeiten und Unterschiede zur Originalversion.

Gnomus (Ausschnitt)

Musik: M. Mussorgski

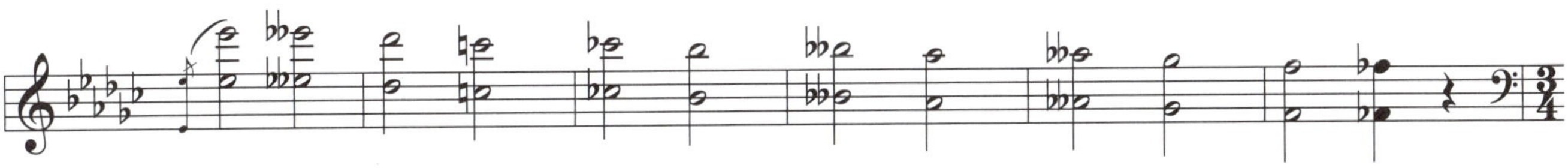

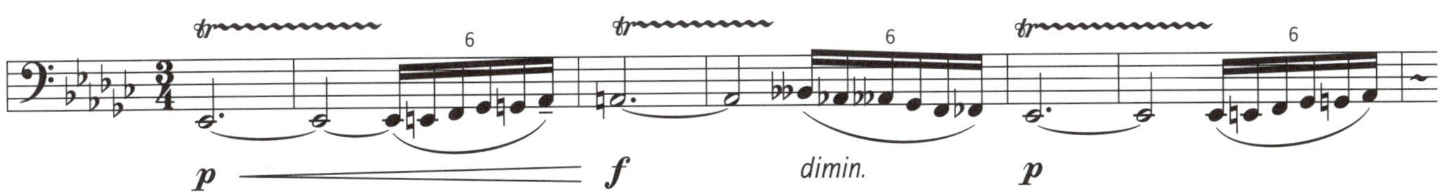

[Das habe ich in diesem Kapitel gelernt]

	Klar kann ich das!	Das gelingt mir meistens.	Das fällt mir noch schwer.
✚ mit einem virtuellen Mischpult umzugehen			
✚ zu beschreiben, welche Räume ein Tonstudio hat, und wie man dort arbeitet			
✚ die Produktion eines Songs im Studio zu erläutern			
✚ verschiedene Stilistiken zu unterscheiden und zu beschreiben			
✚ eine Coverversion zu erkennen und Unterschiede zwischen Coverversionen zu beschreiben			
✚ Gemeinsamkeiten und Unterschiede zwischen Original und Bearbeitung zu beschreiben			
✚ den Begriff Programmmusik zu erläutern			

Sprechende Bilder: vom Stummfilm zum Tonfilm

(→ SB, S. 92)

Aufgabe 1

(→ SB, S. 92, A 1)

a) Beschreibe, welche Funktion die Musik im Film „Steamboat Bill Junior" hat.

____

____

____

b) Beschreibe das Verhältnis, in dem die Musik zur Bilderfolge und zu den gezeigten Bewegungen steht.

____

____

____

Aufgabe 2

(→ SB, S. 92, A 3)

Schau dir die Videodokumentation über eine Kinoorgel an und bearbeite anschließend folgende Aufgaben:

a) Beschreibe den Unterschied zwischen einer Kirchen- und einer Kinoorgel.

____

____

____

b) Nenne die Effektregister einer Kinoorgel.

____

c) Erläutere, warum die Kinoorgel ab 1930 zunehmend an Bedeutung verlor.

____

____

____

Geräusch im Film: Foley Artists

(→ SB, S. 94)

! Grundwissen aktiv

Slash-Akkorde

Notiere zu den nachfolgenden Akkorden das entsprechende Akkordsymbol mit Basston.

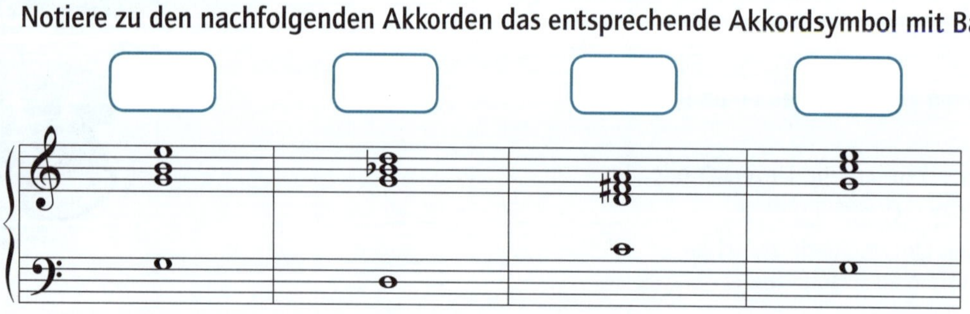

Beim Akkordsymbol C/G ist der Basston mit einem Schrägstrich (engl.: slash) an den Akkord angehängt.

Grundwissen aufgefrischt

Dreiklangsumkehrungen

Notiere Grundstellung und beide Umkehrungen der folgenden Dreiklänge:

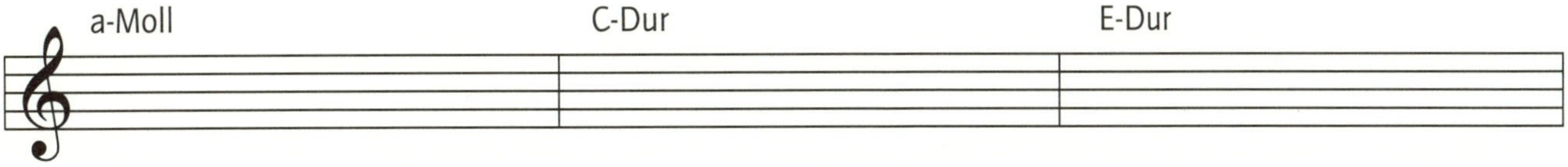

Aufgabe 3

a) Notiere unten vorgegebene Akkordfolge: jeweils den Dreiklang im oberen, den Basston im unteren System.

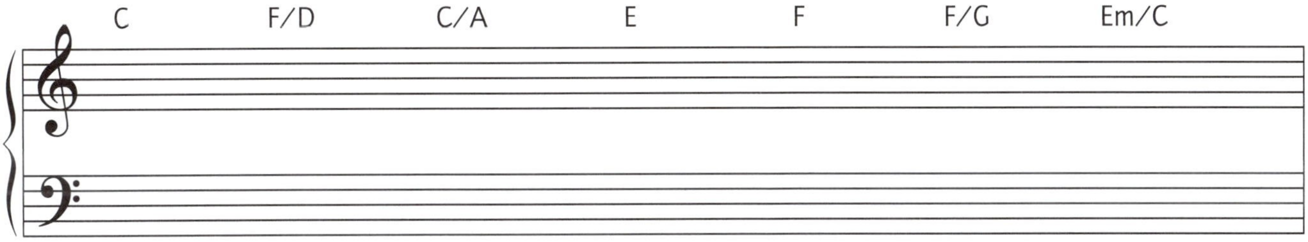

b) **Partnerarbeit:** Spielt die Akkordfolge auf einem Instrument: Einer oder eine spielt die Dreiklänge, der oder die andere die Bassnoten. Wechselt dann die Aufgaben.

Hans Zimmer – ein Filmkomponist stellt sich vor

(→ SB, S. 96)

Aufgabe 4

(→ SB, S. 96, A 2)

Du schreibst für den Kulturteil eurer Zeitung einen Artikel über den Filmkomponisten Hans Zimmer.

a) Recherchiere zunächst im Internet Beiträge, die sich mit verschiedenen Aspekten zu seiner Person beschäftigen.

b) Überlege dir eine textliche Struktur, die die wesentlichen Stationen seines bisherigen Lebens und Schaffens anschaulich darstellt (Biografisches, Kompositionsstil bzw. -techniken, wichtige Filme etc.).

c) Formuliere den Text aus (max. 250 Wörter). Bilde anschließend mit 3–4 Schülerinnen und Schülern ein Redaktionsteam, in dem ihr euch eure Artikel gegenseitig vorstellt.

Aufgabe 5

(→ SB, S. 96, A 3)

Bringe mithilfe des Videos die Schritte, die Hans Zimmer bei der Vertonung einer Filmszene durchläuft, in die richtige Reihenfolge.

- ◯ **Noten an Arrangeurin/Arrangeur sowie Musikerinnen und Musiker weitergeben**
- ◯ **Zusammenarbeit mit den Musikerinnen und Musikern vor Ort**
- ◯ **Samples am Computer erstellen und abmischen**
- ◯ **Suche nach einer Melodie**
- ◯ **Konzept erstellen**
- (1) **Worum geht es in dem Film?**
- ◯ **abgemischte Computerversion an Regisseurin oder Regisseur zur Abnahme schicken**

Aufgabe 6

(→ SB, S. 97, A 5)

a) Schaue die Filmszene ohne Ton an und beschreibe die vorherrschende Stimmung. Wo könnte der Film spielen?

____

____

____

____

b) Notiere Stimmung und musikalische Besonderheiten der Hörbeispiele, die zur Unterlegung der Szene zur Verfügung stehen. (CD 42–44)

Hörbeispiel	Stimmung	Instrumente	Tempo
1: Once Upon a Time in the West			
2: The Piano			
3: Matrix			

Filmmusik verstehen

(→ SB, S. 98)

Aufgabe 7

(CD 46, 47) (→ SB, S. 98, A 2)

Die Protagonisten des Films „Kaltblütig" – zwei jugendliche Kriminelle und eine Farmerfamilie – werden durch unterschiedliche Musiken charakterisiert. Ordne die Hörbeispiele zu und begründe deine Entscheidung anhand musikalischer Kriterien.

HB	Protagonisten	musikalisch charakterisiert durch
	Farmerfamilie	
	zwei jugendliche Kriminelle	

Aufgabe 8

(→ SB, S. 98, A 3)

a) Notiere in Stichpunkten, wie eine Musik klingen müsste, die die Bildaussage des Standbildes aus einem Spielfilm über den Vietnamkrieg (s. SB, S. 98) illustriert.

____

b) Beschreibe, welche Wirkung die Musik hat, mit der die Regie eine solche Szene im Film „Good Morning, Vietnam" unterlegt hat. ______________________________

c) Erläutere, was den Regisseur zur Auswahl dieser Filmmusik bewegt haben könnte und welche Wirkung er damit erzielen wollte.

____

____

____

! Grundwissen aktiv

Dramaturgische Funktionen von Filmmusik

Notiere in der Tabelle die verschiedenen dramaturgischen Funktionen von Filmmusik (s. SB, S. 98).

	Verhältnis von Musik und Bild	Funktion
Bildillustration („Underscoring")		
Bildinterpretation („Mood-Technik")		
kontrapunktierende Bildinterpretation		

Leitmotivtechnik: vom Klang der „Mittelerde"

(→ SB, S. 99)

Aufgabe 9 D 49

(→ SB, S. 99, A 6)

a) Prägend für das Thema der Hobbits ist das Motiv am Anfang. Trage die Notennamen des Motivs in der oberen Zeile ein und benenne, um was für ein Intervall es sich bei dem markierten Tonsprung handelt.

Thema der Hobbits

Musik: H. Shore
© New Line Tunes/Universal/MCA

b) Beschreibe, wie der Komponist das Motiv im weiteren Verlauf verwendet.

c) Die Klanglichkeit des Motivs und seiner Verarbeitung im Thema erinnert an eine pentatonische Tonleiter. Markiere in den Noten den Ton, der nicht zum Tonvorrat dieser Tonleiter passt.

d) Höre das Hörbeispiel noch einmal an und beschreibe, wie der Komponist die Hobbits musikalisch charakterisiert. Achte besonders auf die verwendeten Instrumente. D 49

Aufgabe 10

(→ SB, S. 99, A 7)

a) Benenne mithilfe des Hörbeispiels (Aufbruch aus Bruchtal) Veränderungen in der musikalischen Gestaltung des Hobbitmotivs. D 50

____

b) Setze das veränderte Hobbitmotiv in Bezug zum Thema der Gefährten und notiere, was der Komponist mit dieser Veränderung ausdrücken wollte. D 51

____

____

____

____

! Grundwissen aktiv

Leitmotivtechnik

Ergänze den Lückentext mithilfe der Wissensbox (s. SB, S. 99).

Die ______________ geht zurück auf eine Kompositionstechnik, die im 19. Jahrhundert von ______________ entwickelt wurde. Dabei wird eine Figur durch ein immer wiederkehrendes musikalisches ________ charakterisiert. Durch ____________ dieses ____________ kann die Komponistin oder der Komponist den jeweiligen ______________ einer Person aufzeigen. Die Leitmotivtechnik wurde bereits in der ______________ verwendet.

Tanzfilme

(→ SB, S. 100)

Aufgabe 11

(→ SB, S. 101, A 2)

Gruppenarbeit: Analysiert eine Tanzszene aus einem Film. Anregungen für geeignete Filme findet ihr im Schülerbuch (S. 100/101). Ihr könnt auch selbst einen passenden Film auswählen.

Unser Film:

____

Szene/Position im Film (Minute/Sekunde):

____

Beteiligte Personen / Was vor der Szene geschah:

____

____

Form des Tanzes / Bewegungen und Choreografie:

____

____

____

Zur Musik:

Kameraführung/Einstellungsgrößen:

Kostüme:

Sonstige filmtechnische Besonderheiten:

Funktion des Tanzes:

Deshalb ist der Tanz wichtig für den Film:

Deshalb haben wir uns für diese Szene entschieden:

[Das habe ich in diesem Kapitel gelernt]

	Klar kann ich das!	Das gelingt mir meistens.	Das fällt mir noch schwer.
+ die Klangmöglichkeiten einer Kinoorgel zu beschreiben			
+ Slash-Akkorde zu bestimmen und zu notieren			
+ zu analysieren, mit welchen musikalischen Mitteln eine Filmszene illustriert, interpretiert oder umgedeutet (kontrapunktiert) werden kann			
+ den Begriff der Leitmotivtechnik zu erklären			
+ eine Tanzszene aus einem Film zu analysieren			

School of Rock

(→ SB, S. 107)

Aufgabe 1 E 5–11

(→ SB, S.107, A 2/3)

a) Höre dir die Hörbeispiele an. Trage anschließend in der Tabelle ein, welches Hörbeispiel jeweils einem der Stile zugeordnet werden kann. Notiere dann für jeden Stil stichpunktartig die Merkmale, die dir eine Zuordnung ermöglicht haben.

b) Ergänze mithilfe der Texte im Schülerbuch (S. 106/107) weitere Merkmale in den Kästchen.

◯ Rhythm & Blues

___

◯ Rock 'n' Roll

___

◯ Beatmusik

___

◯ Punk

· schnelle Gitarrenrhythmen, minimale Instrumentierung
· kritische/politische Texte

◯ Techno

___

◯ Hardrock

___

◯ Reggae

___

Die Bandinstrumente

(→ SB, S. 110)

Aufgabe 2

(→ SB, S.111, A 1)

Notiere mithilfe der Schülerbuchtexte und Videoausschnitte auf einem Blatt **Spielweise** und **Funktion** der einzelnen Bandinstrumente. Ordne das Blatt hinten im Arbeitsheft ein.

Aufgabe 3

E 14–16

(→ SB, S. 111, A 2)

Kreuze an, welche Instrumente jeweils zu hören sind.

Hörbeispiel	Keyboard	E-Gitarre	E-Bass	Schlagzeug	Gesang
1					
2					
3					

Die E-Gitarre

(→ SB, S. 113)

Aufgabe 4

(→ SB, S. 113, A 1)

Sieh dir das Video zum Bau der E-Gitarre an.

a) Bringe die Bilder der abgebildeten Arbeitsschritte in die richtige Reihenfolge.

b) Ergänze anschließend die Sätze und ordne sie den Bildern zu.

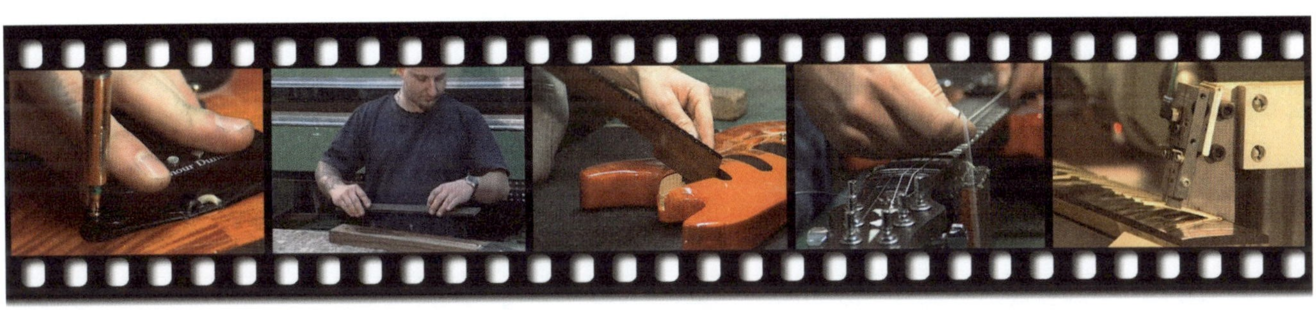

☐ ☐ ☐ ☐ ☐

○ Hier werden die ________________ eingesetzt.

○ Hier werden die ________________ eingeschraubt.

○ Hier werden die ________________ aufgezogen.

○ Hier werden ______________ und ________________ miteinander verschraubt.

○ Hier wird das ________________ auf den Hals geleimt.

Aufgabe 5

(→ SB, S. 113, A 1)

Erstelle mithilfe der Illustrationen und der Auswahlbegriffe einen kurzen Text über die Funktion der Pick-ups einer E-Gitarre.

____

____

____

____

____

Auswahlbegriffe: *elektrischer Strom – Kupferdrähte – Lautsprecher – schwingen – Stahlsaite – Stabmagnet – Tonabnehmer*

Aufgabe 6

(→ SB, S. 113, A 2)

Sieh dir das Video an und notiere die wichtigsten Spieltechniken der E-Gitarre.

1 ____________ 2 ____________ 3 ____________ 4 ____________

Grundwissen aktiv

Klassische Gitarre / E-Gitarre

Beschrifte die wichtigsten Gemeinsamkeiten und Unterschiede zwischen einer klassischen Gitarre und einer E-Gitarre.

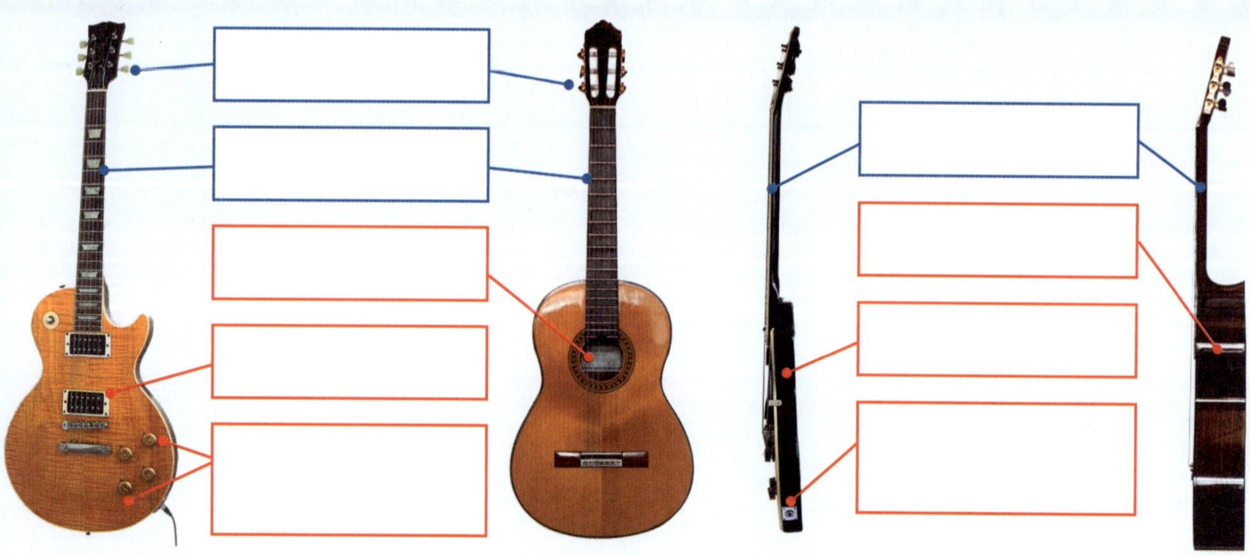

Der Aufbau eines Popsongs

(→ SB, S. 114)

Aufgabe 7 E 19–23

(→ SB, S. 115, A 2)

a) Höre dir die Aufnahme von „Obladi, Oblada" an und notiere den Ablauf des Songs in den Kästchen. Trage pro Kästchen jeweils die Bezeichnung des Formteils ein. Füge wenn nötig Wiederholungszeichen ein und markiere die Formteile farbig.

Ablaufplan:

b) Jeder Teil eines Popsongs hat eine besondere Funktion. Markiere die Formteile mit den oben verwendeten Farben und verbinde sie mit der passenden Beschreibung.

Intro | **Strophe** | **Refrain** | **Bridge** | **Outro**

erzählt die Story | stimmt auf den Song ein | bildet den Höhepunkt des Songs | bildet den Abschluss des Songs | bringt Abwechslung in den Song

Die *Beatles* – musikalischer Ausdruck einer Jugendkultur

(→ SB, S. 116)

Aufgabe 8 E 28–30

(→ SB, S. 116, A 1)

a) Verbinde die drei Hörbeispiele mit den entsprechenden musikalischen Merkmalen.

Hörbeispiel	musikalische Merkmale	Entwicklungsabschnitt
❶ Love Me Do ○	○ ❖ Klänge einer indischen Sitar ❖ mantraartige Wiederholung des Satzes „Jai Guru Dev Om"	____________
❷ Michelle ○	○ ❖ Harmonik deutlich komplexer ❖ chromatische Tonleitern in den Mittelstimmen	____________
❸ Norwegian Wood ○	○ ❖ gitarrenlastig ❖ typischer zweistimmiger Gesang	____________

b) Notiere, in welchem Entwicklungsabschnitt der *Beatles* der Song jeweils entstanden ist. Die Infobox im Schülerbuch (S. 116) hilft dir dabei.

Hippies und Blumenkinder

(→ SB, S. 116)

Aufgabe 9

(→ SB, S. 116, A 2)

a) In den 1960er-Jahren wollten die als „Hippies" bezeichneten Jugendlichen dem Leistungsdruck der Gesellschaft, bürgerlichen Zwängen und Tabus entfliehen. Erkläre zentrale Begriffe der Hippiebewegung. Recherchiere dazu u. a. im Internet.

Flower Power: ______

Make love, not war: ______

Woodstock: ______

Musical „Hair": ______

b) Nenne weitere Begriffe, die man mit der Hippiebewegung verbindet und erkläre kurz ihre jeweilige Bedeutung.

______

______

______

______

______

Generation X: Techno, Hip-Hop ...

(→ SB, S. 117)

Aufgabe 10

E 31–33

(→ SB, S. 117, A 4)

Heute existiert eine Vielzahl verschiedener jugendkultureller Stile nebeneinander.
Ordne die drei Hörbeispiele den Stilen **Metal**, **Punk** und **Hip-Hop** zu und notiere die jeweiligen musikalischen Merkmale (Instrumente, besondere Effekte, Gesangsstimme etc.).

Hörbeispiel 1

Stil: ______

musikalische Merkmale:

______

Hörbeispiel 2

Stil: ______

musikalische Merkmale:

______

Hörbeispiel 3

Stil: ______

musikalische Merkmale:

______

Bühnenshow & Showtanz

(→ SB, S. 118)

Aufgabe 11

(→ SB, S. 118, A 1)

a) **Gruppenarbeit:** Sucht im Internet nach einem Mitschnitt von Beyoncés Halbzeitshow beim „Super Bowl" 2013. Seht euch Ausschnitte aus Beyoncés Auftritt an und beschreibt die folgenden Merkmale:

Merkmal	Beschreibung
Choreografie	
Kostüme	
Licht-/Videotechnik	
Bühnenbild/Spezialeffekte	
Band	
Mimik/Gestik	

b) Stellt euch eure Beobachtungen gegenseitig vor und fasst eure Erkenntnisse zusammen.

c) Diskutiert ausgehend von der Inszenierung von Beyoncé und den Backgroundtänzerinnen im Mitschnitt die Art und Weise, wie Frauen im Popbusiness in Szene gesetzt werden.

[Das habe ich in diesem Kapitel gelernt]	Klar kann ich das!	Das gelingt mir meistens.	Das fällt mir noch schwer.
+ Stile der Rock- und Popmusik zu unterscheiden und deren Merkmale zu benennen			
+ die Funktions- und Spielweise verschiedener Bandinstrumente zu beschreiben			
+ Unterschiede zwischen E-Gitarre und klassischer Gitarre zu beschreiben			
+ den Aufbau eines Popsongs grafisch darzustellen			
+ Merkmale verschiedener *Beatles*-Songs zu analysieren			
+ musikalische Merkmale verschiedener Stile neuerer Popmusik zu beschreiben			
+ Eigenschaften und Bestandteile einer Bühnenshow von Beyoncé zu analysieren			

Die Wirkung von Musik: ein Experiment

(→ SB, S. 124)

Aufgabe 1 E 35–36

(→ SB, S. 124, A 1)

a) Führe das Experiment im Schülerbuch (S. 124, A 1) durch. Trage die drei Werte deines Pulsschlags ein.

Pulsfrequenz (Schläge pro Minute)

______	______	______
Ruhepuls	Puls nach HB ❶	Puls nach HB ❷

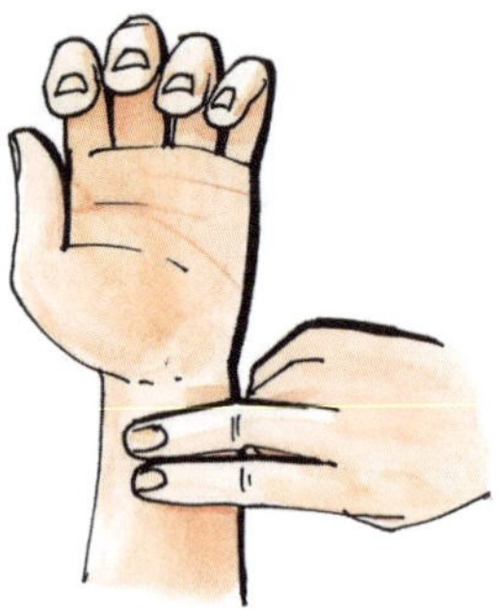

b) Notiere, welchen Zusammenhang du zwischen der Musik und deinem Puls feststellen kannst.

____

____

____

Aufgabe 2

(→ SB, S. 124, A 4)

Ordne die Auswahlbegriffe unten den musikalischen Parametern in der Tabelle zu.

	eher geeignet für ergotrope (aktivierende) Musik	eher geeignet für trophotrope (beruhigende) Musik
Tempo		
Rhythmus		
Lautstärke		
Melodiegestaltung		
Zusammenklang		

- sanft fließende Melodie
- weich, gleichmäßig
- eher forte
- Konsonanzen
- eher Dur
- Dissonanzen
- eher piano
- langsam
- schnell
- eher Moll
- viele Akkordwechsel
- Melodie mit vielen Sprüngen
- hart, akzentuiert
- wenige Akkordwechsel

Aufgabe 3

Ergänze den Lückentext.

Die Wissenschaft unterscheidet zwei Arten von Musik nach der Art, wie sie auf unseren Körper wirken:

❖ ________________ Musik aktiviert und ____________ . Puls- und ________________________

werden durch sie ________________ , der Blutdruck ______________ sich.

❖ ________________ Musik beruhigt und entspannt. __________ und Atemfrequenz

werden ____________________ , der _____________________ sinkt.

Aufgabe 4

(→ SB, S. 124, A 5)

a) **Gruppenarbeit:** Erfindet gemeinsam eine kurze Musik (ca. 1 Minute), die entweder ergotropen oder trophotropen Charakter hat. Fertigt eine Skizze über den Ablauf der Musik an.

[Tipp] Beachtet dabei auch die musikalischen Parameter aus Aufgabe 2 (S. 50 in diesem Heft).

Skizze

b) Spielt eure Melodie den anderen Gruppen vor. Diese beschreiben die verwendeten musikalischen Parameter und beurteilen, ob die Musik trophotropen oder ergotropen Charakter hat.

Aufgabe 5

E 37–40

(→ SB, S. 125, A 6)

a) Höre vier Hörbeispiele an und trage in der Tabelle ein, in welcher Situation die Aufnahmen jeweils entstanden sein könnten.

[Tipp] Die Bilder im Schülerband (S. 125) helfen dir dabei.

b) Höre die Hörbeispiele nochmals an und notiere, wie sie auf physischer, psychischer und ästhetisch-intellektueller Ebene auf dich jeweils wirken.

HB	❶			❷			❸			❹		
Situation	*Rockkonzert*											
Wirkung												
hoch												
mittel												
schwach												

Funktionale Musik

(→ SB, S. 126)

Grundwissen aktiv

Funktionen von Musik

Notiere in den farbigen Kästchen die verschiedenen funktionalen Zusammenhänge, in denen Musik verwendet wird. Verwende dazu die Informationen im Schülerbuch (S. 126).

Ergänze den Lückentext unter Zuhilfenahme des Textes „Funktionale Musik" im Schülerbuch (S. 126).

Funktionale Musik wird für einen bestimmten ______________________ Zweck neu geschaffen oder vorhandene Musik wird für einen solchen Zweck verwendet. Manchmal wird das Original dabei ______________________ . Oft verliert Musik dadurch ihre ______________________ oder übernimmt eine neue. Auch ______________________ von Musik ist deshalb möglich.

Aufgabe 6

(→ SB, S. 126, A 1)

Notiere, welche Funktion Musik in den jeweiligen Bereichen einnimmt, und nenne jeweils zwei Beispiele.

	Funktion der Musik	Beispiele
Musik und Kult		
Lied und Arbeit		
Gesänge im Fußballstadion		
Musik und Politik		

Musik und Werbung

(→ SB, S. 130)

Grundwissen aktiv

Formen von Musik in der Werbung

1. ______________________ : gesungener Werbeslogan → kurzes Motiv, oft von bekannten Melodien abgeleitet
2. ______________________ : gesungene Werbebotschaft → genutzt wird oft ein bekannter und erfolgreicher Song
3. ______________________ : kurze Melodie als Erkennungssignal → soll Aufmerksamkeit erregen, erklingt meist am Ende des Werbespots
4. ______________________ : hinter dem gesprochenen Text → tritt nur in den Sprechpausen hervor, verleiht dem Spot eine bestimmte Atmosphäre und Stimmung

Aufgabe 7 E 41, 42

(→ SB, S. 130, A 1)

a) Höre dir die vier Hörbeispiele an und verfolge den jeweiligen Notentext. Untersuche anschließend die Notenbeispiele hinsichtlich ihrer musikalischen Gestaltung und notiere deine Beobachtungen stichpunktartig. Kennzeichne deine Beobachtungen auch im jeweiligen Notentext.

b) Trage ein, um welche Form von Werbemusik es sich jeweils handelt.

Notenbeispiel	musikalische Gestaltung	Form der Werbemusik

[Das habe ich in diesem Kapitel gelernt]	Klar kann ich das!	Das gelingt mir meistens.	Das fällt mir noch schwer.
✚ den Einfluss von Musik auf mich und meinen Körper zu erkennen und zu beschreiben			
✚ zu erläutern, wie Musik Eindrücke und Gefühle verstärken kann			
✚ verschiedene Funktionen von Musik zu unterscheiden			
✚ Formen der Werbemusik zu erkennen und ihre Funktion zu analysieren			

Meine Musik – deine Musik

(→ SB, S. 136)

Aufgabe 1

(→ SB, S. 137, A 2)

a) Erstelle in der unten stehenden Tabelle eine Übersicht über deinen Musikgeschmack und deine musikalischen Vorlieben.

Welche Musik, welche Bands, welche Sängerinnen und Sänger hörst du gerne?	
Welche Medien (Radio/Computer/Smartphone etc.) verwendest du?	
Welches Instrument oder welche Instrumente spielst du? Bist du Mitglied in einem Ensemble?	
Gibt es Musik, die dir überhaupt nicht gefällt? Nenne Beispiele und beschreibe deren Merkmale.	

b) Überlege, wie dein Musikgeschmack vor zwei Jahren war. Markiere grün, was gleich geblieben ist, und blau, was sich verändert hat. Ergänze dann wichtige Details hinsichtlich deines veränderten Musikgeschmacks.

[Tipp] Nutze deine Aufzeichnungen aus dem Schülerarbeitsheft 1 A (S. 5).

c) Gestalte eine Seite mit Bildern und kurzen Texten über deine Lieblingsmusik bzw. deine Lieblingsmusikerinnen und -musiker und hefte sie hinten ein.

Im Blitzlichtgewitter

(→ SB, S. 138)

Grundwissen aktiv

Leadsheet

In einem Leadsheet sind nur die wichtigsten Elemente eines Songs notiert. Beschrifte den unten stehenden Notenausschnitt.

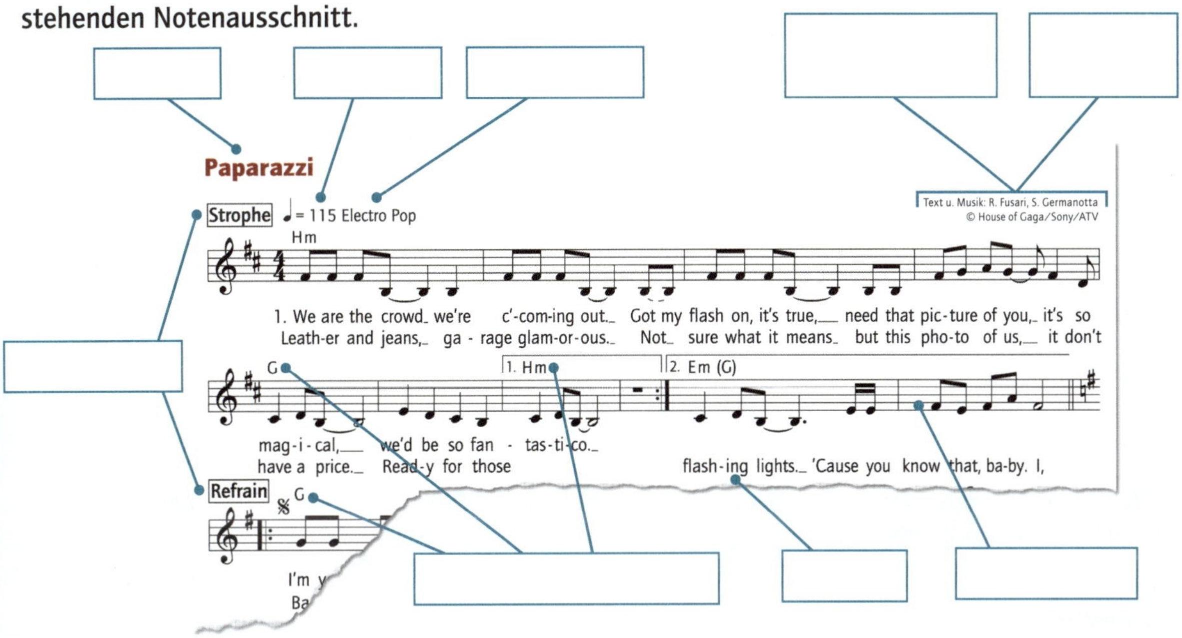

Auswahlbegriffe: *Akkordsymbole – Komponistin/Komponist – Melodie – Songteile – Stilistik – Tempo – Text – Texterin/Texter – Titel*

Grundwissen aktiv

Remix

Bringe die Satzbausteine zum Begriff „Remix" in die richtige Reihenfolge und schreibe den Text auf.

- Manchmal werden auch
- oder völlig weggelassen werden.
- Tonspuren des Originals eines Musiktitels.
- zerstückelt und neu zusammengesetzt
- völlig neue Spuren hinzugefügt.
- Ein Remix entsteht auf der Grundlage der
- Diese Tonspuren können bearbeitet,

____
____
____
____
____
____

Aufgabe 2

Wähle einen Song aus, den du gut kennst, und suche im Internet nach einem Remix (einfach als zusätzlichen Suchbegriff eingeben). Höre dir dann beide Versionen mehrfach an und halte tabellarisch fest, welche Spuren vom Original übernommen wurden und welche im Remix dazugenommen, weggelassen oder verändert wurden. Stelle der Klasse das Ergebnis vor und begründe, welche Version dir besser gefällt.

Video Killed the Radio Star

(→ SB, S. 140)

Aufgabe 3

(→ SB, S. 140, A 2)

Schau dir den Videoclip von *The White Stripes* an. Achte auf die verwendeten filmischen Mittel, z. B. die Anordnung der Instrumente im Raum, Schnitte, Drehungen und Kamerafahrten. Ergänze dann den folgenden Lückentext mithilfe der Auswahlbegriffe.

In dem Video legen die ______________________ und die ____________ einen Weg zurück, auf dem immer wieder kleine ______________________ überwunden werden müssen. Zentrale Idee dabei ist eine genaue, perfektionistische „ ________________ " von Musik und _______________ , bei der die ______________________ immer auf die ____________ ausgerichtet bleibt. Hinzu kommt eine Art „Bildglissando" in Form sehr schneller ______________ - und ___________________________________ , der Anordnung der Instrumente im Kreis und Rotationen dieser Anordnung sowie _________________________ im Kreis.

Den Clip könnte man als artifizielles __________________ -Video bezeichnen, da durch permanente Multiplizierung und ____________________________ das Musizieren der Band verfremdet wird.

Auswahlbegriffe: *Bildern – Bildfolge – Hindernisse – Instrumente – Kamerafahrten – Musik – Performance – Rückwärtsbewegungen – Spieler – Taktung – Überblendung – Vorwärts*

! Grundwissen aktiv

Formen von Musikvideos

Ordne die Videoclip-Ausschnitte mithilfe der Wissensbox (s. SB, S. 140) zu und begründe deine Entscheidung in Stichpunkten.

	Beispiel	Begründung
Performance		
Concept-Performance		
Concept-Clip		

Aufgabe 4

(→ SB, S. 141, A 5)

a) Untersucht zunächst mithilfe des Musikausschnittes wichtige Details des Sounddesigns (Instrumente, Klangfarben, Effekte, musikalische Besonderheiten). Notiert eure Beobachtungen auf einem Blatt Papier. Orientiert euch dabei an der Abbildung.

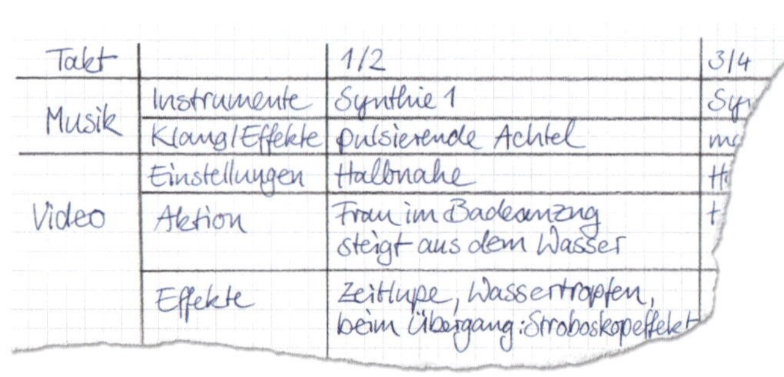

b) Betrachtet nun das Video und konzentriert euch auf die Bildebene. Ergänzt die Tabelle um folgende Aspekte:

- Kameraeinstellung (Großaufnahme, Totale ...)
- Bewegungen (Zoom, Schwenk, auf Objekt zu ...)
- Aktion
- Farbgestaltung/Licht/Effekte

Aufgabe 5

(→ SB, S. 141, A 6)

Schreibe für ein Popmagazin eine kurze Kritik des Clips „Pokerface" von *Lady Gaga*, in der du auf Musik, Text und filmische Umsetzung eingehst und darauf, wie *Lady Gaga* in Szene gesetzt wird.

[**Tipp**] Ziehe dazu die Ergebnisse aus der vorhergehenden Aufgabe 4 heran.

Copy and paste

(→ SB, S. 142)

Aufgabe 6

(→ SB, S. 143, A 2)

In dem Video stellen *Die Prinzen* einige Szenen aus bekannten Videoclips der 1980er-Jahre nach. Recherchiere im Internet die entsprechenden Videos und notiere die Musiktitel in der Tabelle.

Was ist zu sehen?	Gruppe/Interpret	Titel
Staubsauger	Queen	
Seil um den Kopf	U2	
Frauen mit Gitarren	Robert Palmer	
Nackte Menschen	The Beloved	
Männer mit Bart und Hut	ZZ Top	
Modelleisenbahn	Peter Gabriel	
Männer laufen hintereinander	Genesis	
König im Liegestuhl	Depeche Mode	
Männer mit spitzen Hüten	Pet Shop Boys	

Legal, sicher und fair

(→ SB, S. 144)

Aufgabe 7

(→ SB, S. 144, A 1)

Manches, was einem legitim erscheint, ist nicht unbedingt legal ...

a) Erkläre was gemeint ist, wenn man von „geistigem" Eigentum spricht.

b) Im Lied der *Prinzen* heißt es: „Alles nur geklaut". Überlege, wie man geistiges Eigentum „klauen" kann. Denke dir ein kurzes Beispiel aus, um dies zu verdeutlichen.

Aufgabe 8

(→ SB, S. 144, A 2/3)

Beim „Filesharing" (engl., Daten teilen bzw. tauschen) in einer Internet-Tauschbörse wird nicht wirklich getauscht. Betrachte die Grafik im Schülerbuch (S. 144) und beantworte die folgenden Fragen:

- ❖ Wer stellt die Dateien bereit?
- ❖ Wer lädt die Daten herunter und wo sind sie dann vorhanden?
- ❖ Warum ist diese Art des „Tauschens" illegal?
- ❖ Wer ist im Falle einer Entdeckung haftbar? Begründe deine Entscheidung.

[Das habe ich in diesem Kapitel gelernt]	Klar kann ich das!	Das gelingt mir meistens.	Das fällt mir noch schwer.
+ über Musikgeschmack genauer nachzudenken, Veränderungen zu erkennen und zu beschreiben			
+ die Begriffe „Leadsheet" und „Remix" zu definieren			
+ Videoclips zu kategorisieren und zu analysieren			
+ zu erklären, was geistiges Eigentum ist und wie das Urheberrecht dieses schützt			
+ zu erläutern, was Streaming und Filesharing sind, und die Funktion von Internet-Tauschbörsen zu beurteilen			

Black Music: musikalische Weltsprache

(→ SB, S. 148)

Aufgabe 1 F 7–13

(→ SB, S. 149, A 2)

Trage in die Tabelle für jedes Hörbeispiel deine Beobachtungen zu den Merkmalen ein (Instrumente, Stimmbehandlung, Spieltechnik). Ordne dann die Hörbeispiele einer Musikrichtung zu.

HB	Merkmale	Musikrichtung
1		
2		
3		
4		
5		
6		
7		

Reggae und die Sehnsucht nach Afrika

(→ SB, S. 150)

Aufgabe 2 www

(→ SB, S. 151, A 1)

Notiere die wichtigsten Merkmale der Rastafarikultur. Gehe dabei unter anderem auf Geschichte, Mode und äußeres Erscheinungsbild sowie musikalische Besonderheiten ein.

Aufgabe 3 (CD F 7) (→ SB, S. 151, A 3)

a) Höre „Pretty Africa" an und notiere, inwiefern der Songtext auf die Rastafarikultur verweist.

____

____

____

____

b) Kreuze an, welche musikalischen Elemente den Reggae prägen.

- ☐ starke Betonung des Offbeats (Klavier)
- ☐ Streichinstrumente als Begleitung
- ☐ viele Dissonanzen
- ☐ Backbeats (Snare-Drum)
- ☐ einfache, zyklische Harmonik
- ☐ bewegter Bass
- ☐ Four to the Floor (Bass-Drum)
- ☐ Bläser-Riffs

„La Bamba" – ein Welthit aus Mexiko (→ SB, S. 158)

Aufgabe 4 (CD F 23, 22) (→ SB, S. 159, A 2)

a) Erstelle mithilfe der Originalaufnahme des traditionellen Liedes eine Übersicht über die verwendeten Instrumente, Besonderheiten des Stimmeinsatzes, das Tempo und den Text.

b) Höre dir nun die Aufnahme von Ritchie Valens an und ergänze die Tabelle entsprechend.

	„La Bamba" – Volkslied 	„La Bamba" – Version von Ritchie Valens 
Instrumente		
Stimme		
Tempo		
Text		

Claude Debussy und der Klang des „Exotischen"

(→ SB, S. 162)

Aufgabe 5

F 27

(→ SB, S. 162, A 1)

a) Das Notenbeispiel aus „Pagodes" von Claude Debussy zeigt drei Klangschichten. Markiere die Schichten mit verschiedenen Farben.

Pagodes (Ausschnitt)

Musik: C. Debussy

b) Überlege, welche Aussagen über die Anlage der Schichten zutreffen. Kreuze an.

Höhere Schichten haben kleinere Notenwerte. ◯	Die obere Schicht hat die größten Notenwerte. ◯
Die tiefe Schicht ist sehr gleichförmig. ◯	Die tiefe Schicht spielt die Kernmelodie. ◯
Die höheren Schichten basieren auf kurzen, eher gleichförmigen Patterns. ◯	Die beiden höheren Schichten bilden eine Einheit, indem sie rhythmisch ineinander greifen. ◯

c) Ordne die musikalischen Beschreibungen den einzelnen Klangschichten zu. Markiere dazu jeweils die Aussagen mit der Farbe, die du für die jeweilige Klangschicht im Notenausschnitt oben gewählt hast.

- synkopierter Rhythmus mit Viertelnoten
- eine Figur aus drei Tönen wird ostinat wiederholt
- Ausschnitte der Ganztonleiter
- zwei Töne im Abstand einer großen Sekunde

Aufgabe 6

(→ SB, S. 162, A 1c)

Vergleiche den Notentext von „Pagodes" mit dem Spielstück „Gilak" in deinem Schülerbuch (S. 161). Fülle anschließend den Lückentext aus.

Bei beiden Stücken ist der Aufbau in ____________________ deutlich erkennbar. Debussy lässt in der unteren Zeile eine Kernmelodie aus den Tönen einer ____________________ spielen, darüber erklingen ________ unterschiedliche Schichten in verschiedenen ____________________ Ebenen, jeweils aus nur __________ Tönen (Abstand eines ____________________) bestehend. Ähnliche ostinate Patterns finden sich auch im Spielstück „Gilak", z. B. in den ____________________ des Reihengongspiels (kotèkan) oder der ____________________ (pokok).

Auswahlbegriffe: *Ganztonschritt – Ganztonleiter – Kernmelodie – Klangschichten – metrisch – Umspielungen – zwei (2 x)*

Aufgabe 7 F 29–31

(➔ SB, S. 163, A 4)

Ordne die Hörbeispiele den drei kurzen Beschreibungen zu. Gib kurz an, was dir eine Zoordnung ermöglicht hat.

HB	Beschreibung	Begründung für die Zuordnung
◯	*Ein Faun träumt in der Nachmittagssonne von der Liebe*	
◯	*Das Spiel der Wellen*	
◯	*Eine versunkene Kathedrale*	

Grundwissen aktiv

Impressionismus

Beantworte mithilfe des Schülerbuchs (S. 163) folgende Fragen:

Was war das Anliegen der Impressionistinnen und Impressionisten?

Wer war der Hauptvertreter des musikalischen Impressionismus?

Welche Neuerungen prägen Debussys Musik?

[Das habe ich in diesem Kapitel gelernt]

	Klar kann ich das!	Das gelingt mir meistens.	Das fällt mir noch schwer.
+ Elemente des Reggaes zu benennen und über die Rastafaribewegung zu berichten			
+ Elemente lateinamerikanischer Musik zu beschreiben			
+ darzustellen, wie Debussy die verschiedenen Klangschichten der Gamelanmusik mit dem Klavier imitiert			
+ die Gemeinsamkeiten zwischen der Musik Debussys und der Gamelanmusik zu erläutern			
+ Merkmale des Impressionismus zu erkennen und zu beschreiben			

Musiklehre kurz gefasst

In notierter Musik stecken viele verschiedene Informationen.

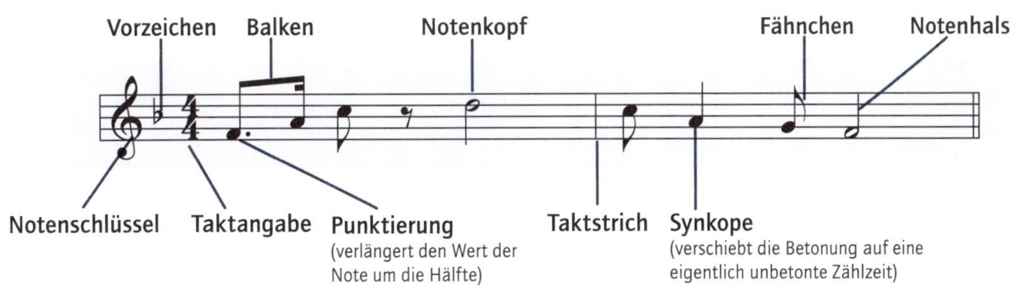

Notenwerte und Pausen

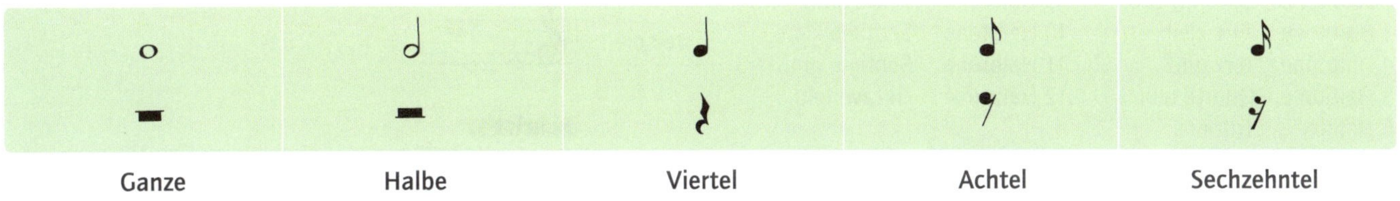

Tonbezeichnungen und Notensystem

Die sieben **Stammtöne** entsprechen den weißen Tasten auf dem Klavier. Um diese Töne aufzuschreiben, verwenden wir ein **Notensystem,** in dem sowohl **Tonhöhen** als auch **Tonlängen** notiert werden können. Jeder **Oktavraum** hat eine eigene Bezeichnung, damit die Töne eindeutig benannt werden können.

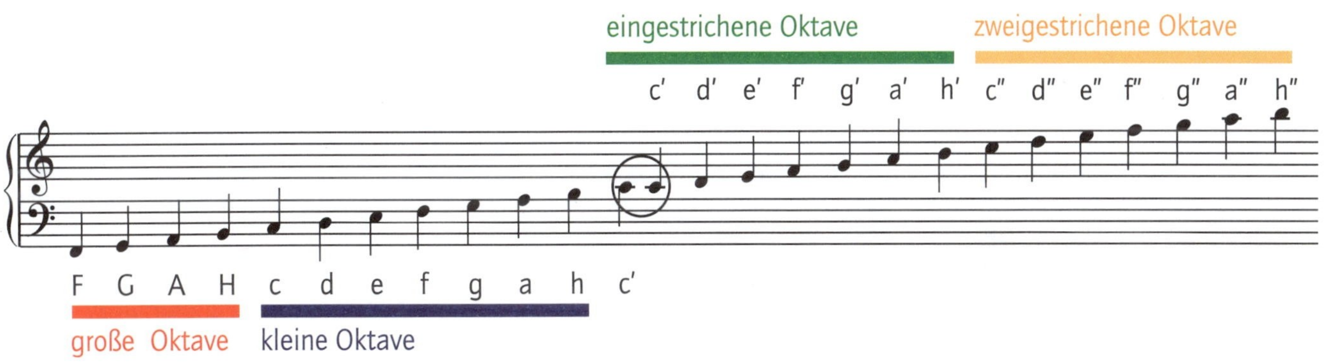

Versetzungszeichen und Vorzeichen

Stammtöne können durch Versetzungszeichen verändert werden. **Vorzeichen** stehen am Beginn eines Notensystems und gelten für das ganze System. Dagegen gelten die **Versetzungszeichen** nur für die Note und alle weiteren Noten auf dieser Tonhöhe bis zum nächsten Taktstrich.

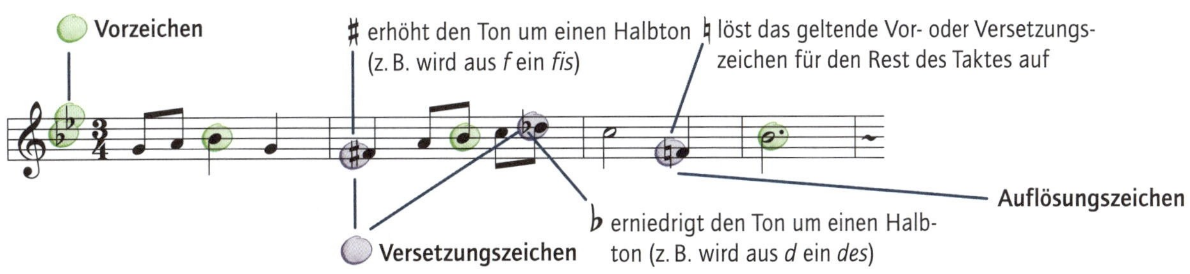

Intervalle (Grobbestimmung)

Ein Intervall gibt den Abstand zwischen zwei Tönen an. Die beiden Töne können nacheinander (sukzessiv) oder gleichzeitig (simultan) erklingen. Der zweite Ton kann höher oder tiefer sein als der erste.

Intervalle (Feinbestimmung)

Um Intervalle genau benennen zu können, muss man die Anzahl der Halbtonschritte zwischen den beiden Tönen bestimmen. Dazu zählt man alle Tasten zwischen den beiden Tönen auf der Klaviatur ab.

0 Halbtöne	Prime	7 Halbtöne	Quinte rein
1 Halbton	Sekunde klein	8 Halbtöne	Sexte klein
2 Halbtöne	Sekunde groß	9 Halbtöne	Sexte groß
3 Halbtöne	Terz klein	10 Halbtöne	Septime klein
4 Halbtöne	Terz groß	11 Halbtöne	Septime groß
5 Halbtöne	Quarte rein	12 Halbtöne	Oktave rein
6 Halbtöne	Tritonus		

Beispiel: 

Schritt 1:
Grobbestimmung:
7 Töne = Septime

Schritt 2:
Feinbestimmung
(mithilfe der Klaviertasten):
11 Halbtonschritte = große Septime

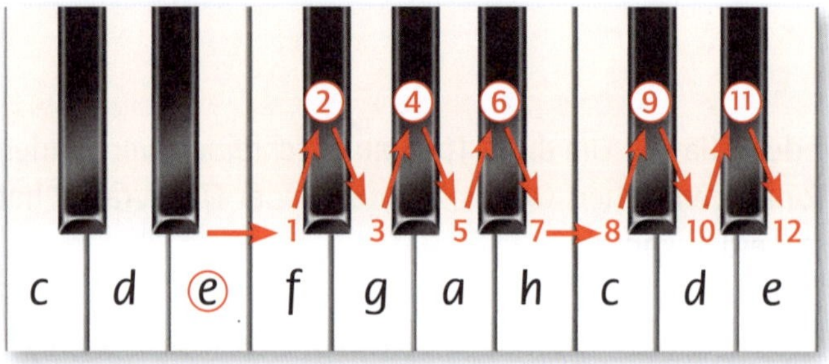

Dur- und Moll-Tonleiter

Der Name der Tonleiter wird durch den Ton auf der ersten Stufe **(Grundton)** bestimmt. Spielt man z. B. die sieben Stammtöne beginnend mit *c*, so erklingt die C-Dur-Tonleiter.

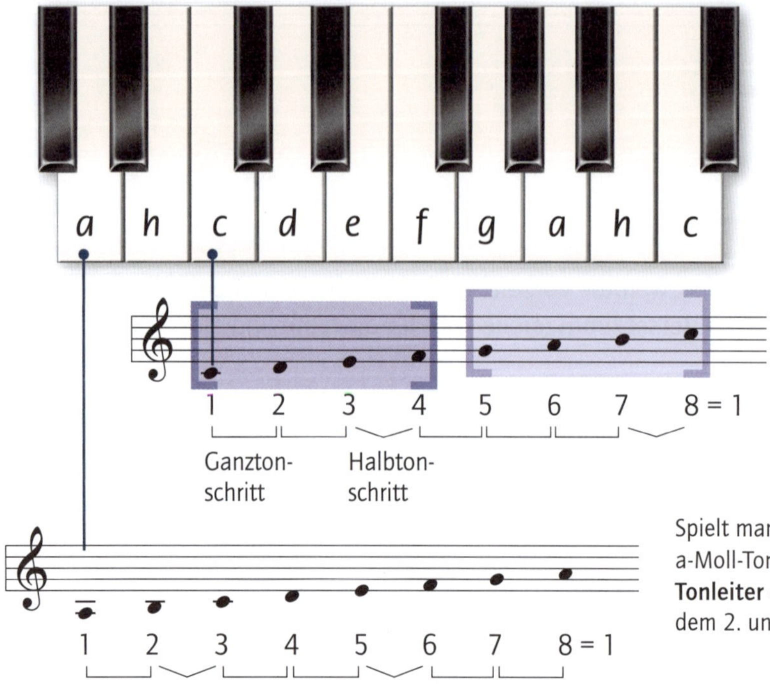

Die **Dur-Tonleiter** ist nach einem bestimmten Muster aufgebaut: Sie besteht aus acht Tönen, die eine charakteristische Abfolge von Ganz- und Halbtonschritten haben.

Teilt man sie in zwei Hälften, so ergeben sich von der Abfolge der Ganztonschritte und Halbtonschritte her zwei identische Bausteine (Tetrachorde). Die beiden Bausteine werden durch einen Ganztonschritt verbunden.

Spielt man die Stammtonreihe vom Grundton *a* aus, so erklingt die a-Moll-Tonleiter. Im Gegensatz zur Dur-Tonleiter sind bei der **Moll-Tonleiter** die Halbtonschritte an anderer Stelle, nämlich zwischen dem 2. und 3. sowie zwischen dem 5. und 6. Ton.

Chromatische Tonleiter

Einen Sonderfall stellt die chromatische (gr. *chroma* = Farbe) Tonleiter dar. Sie ist nur aus Halbtonschritten aufgebaut, kann auf jedem beliebigen Ton beginnen und deswegen keiner Tonart zugeordnet werden. Aufwärts wird sie mit ♯, abwärts mit ♭ notiert.

Bluestonleiter

Obwohl es keine verbindliche Bluestonleiter gibt, findet man häufig eine pentatonische Skala als Grundgerüst, die um sogenannte „Blue Notes" auf der 3., 5. und 7. Stufe angereichert wird. Eine mögliche Bluestonleiter in D umfasst folgende Töne:

Dur- und Moll-Dreiklänge

(➜ SB, S. 35)

Ein Dreiklang entsteht, wenn man drei Töne in Terzen übereinander schichtet. Der tiefste Ton des Dreiklangs ist der **Grundton** und gibt ihm seinen Namen.

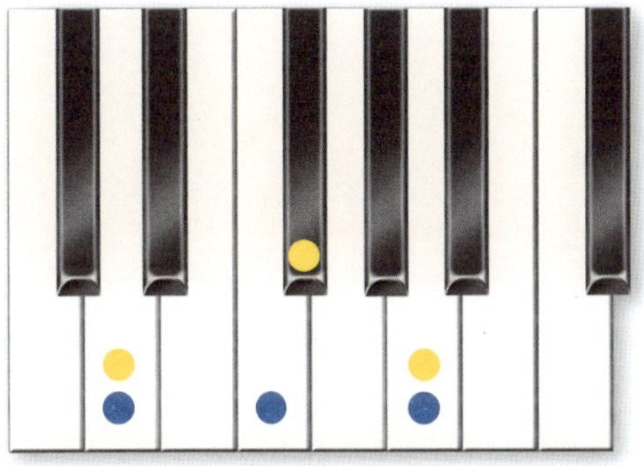

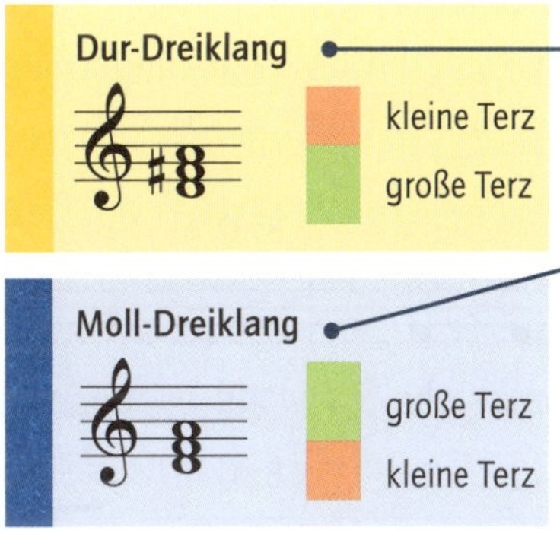

Dur- und Moll-Dreiklänge bestehen aus je einer kleinen und einer großen Terz, die unterschiedlich angeordnet sind. Dadurch ändert sich auch die klangliche Wirkung.

Umkehrungen von Dreiklängen

(➜ SB, S. 35)

Ein Dreiklang lässt sich in seiner Form verändern (umkehren). Umkehrungen werden auf folgende Weise gebildet:

Grundstellung:
Der Dreiklang steht in Terzschichtung.

1. Umkehrung:
Der untere Ton wird um eine Oktave nach oben versetzt.

2. Umkehrung:
Der untere Ton wird um eine Oktave nach oben versetzt.

Kadenzen

(→ SB, S. 36 f., 39)

Eine Kadenz (lat. *cadere* = fallen) ist eine Abfolge von Akkorden, die harmonische Spannung auf- und wieder abbaut. Am Schluss wird die 1. Stufe der Tonleiter erreicht, die als Ruhepunkt empfunden wird.

Vollkadenz in G-Dur

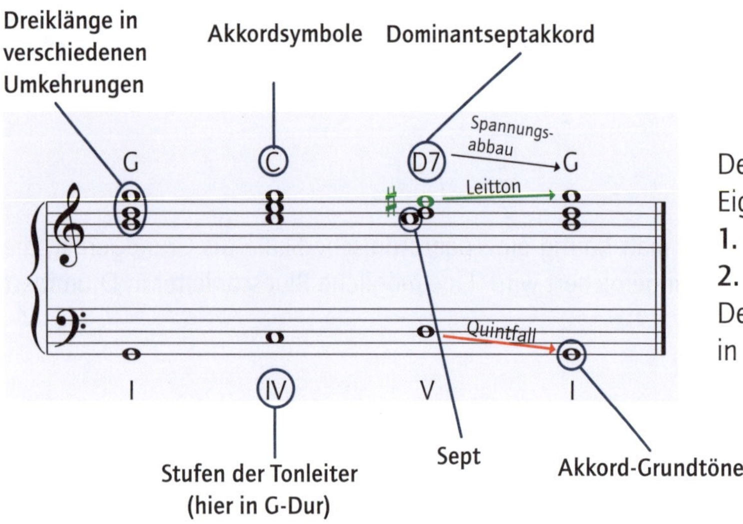

Der Spannungsabbau wird vor allem durch zwei Eigenschaften erreicht:

1. Quintfall der **Grundtöne,**

2. Fortschreiten des **Leittons** in den Schlusston.

Deshalb findet man häufig solche Kadenzen, in denen beide Elemente enthalten sind.

Synkope und Punktierung

(→ SB, S. 8 f.)

Bei einer **Synkope** wird eine Betonung auf eine eigentlich unbetonte Zählzeit verlagert. Bei einer **Punktierung** verlängert der Punkt hinter einer Note diese um die Hälfte ihres Wertes. Eine Viertel mit Punkt hat also die Länge von drei Achtelnoten.

Text u. Musik: M. Detterbeck

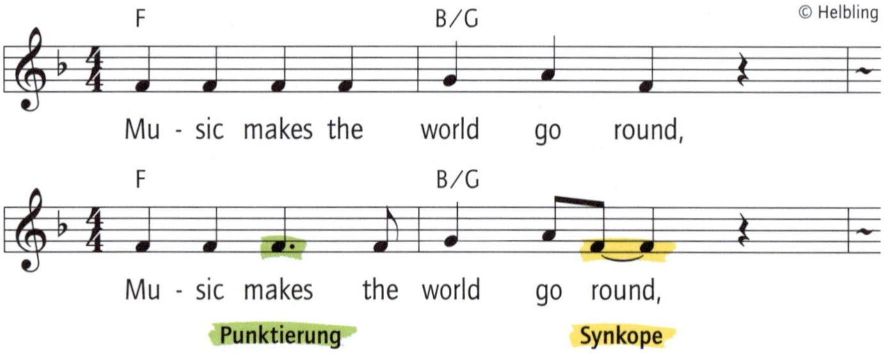

Ungerade Taktarten

(→ SB, S. 15)

Neben geläufigen Taktarten wie 4/4, 2/4 oder 3/4 gibt es auch **unregelmäßige** bzw. **ungerade Taktarten** (z. B. 5/4 oder 7/8), die etwa auf dem Balkan, in der Türkei oder Teilen Afrikas eine wichtige Rolle spielen. Sie heißen deshalb „unregelmäßig", weil sie aus einer Kombination von Zweier- und Dreierbausteinen gebaut sind. So umfasst z. B. der 5/4-Takt im unten abgedruckten Song „Boombastic" 3+2 Achtelgruppen.

4/4-Takt

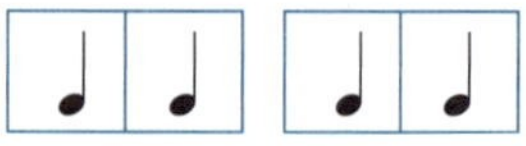

4/4-Takt: aus zwei Zweierbausteinen zusammengesetzt

5/4-Takt

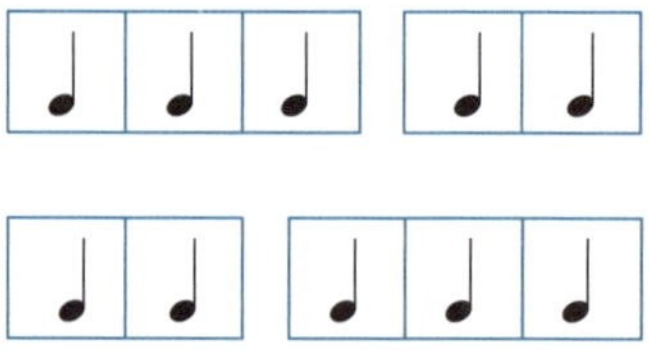

5/4-Takt: Kombination aus Zweier- und Dreierbausteinen

Text u. Musik: M. Detterbeck

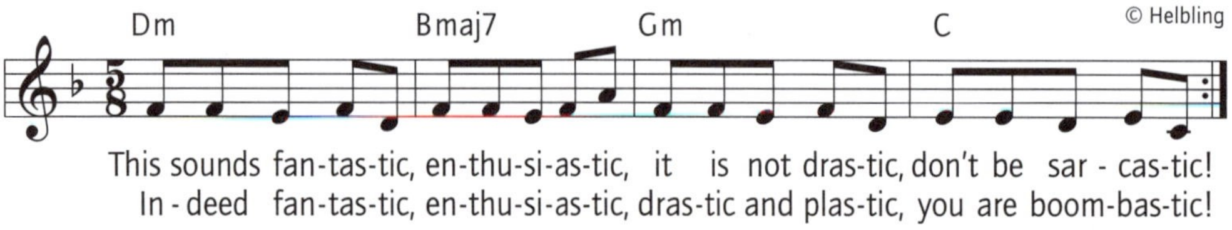

Vortragsbezeichnungen

(→ SB, S. 11)

Musik kann ganz unterschiedlich gestaltet sein. Neben Tonhöhen, Melodieverläufen, Akkorden und Rhythmik sind auch Tempo, Artikulation und Lautstärke wichtig.

Tempo

accelerando (schneller werden) →

Largo	*Andante*	*Moderato*	*Allegro*	*Presto*
langsam, breit	gehend	mäßig schnell	schnell, fröhlich	sehr schnell

← *ritardando* (langsamer werden)

Lautstärke

crescendo (lauter werden) →

pp *pianissimo*	***p*** *piano*	***mp*** *mezzopiano*	***mf*** *mezzoforte*	***f*** *forte*	***ff*** *fortissimo*
sehr leise	leise	mittelleise	mittellaut	laut	sehr laut

← *decrescendo* (leiser werden)

Artikulation

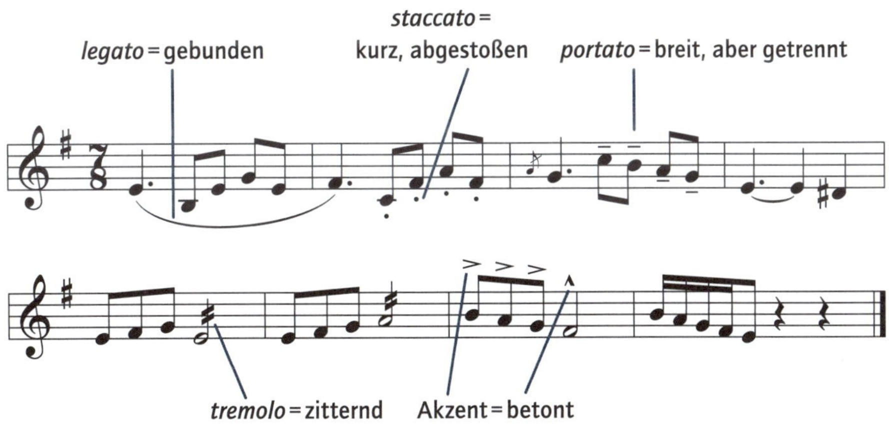

Charakter

con brio: mit Schwung
con moto: bewegt
dolce: sanft, zart
espressivo: ausdrucksvoll
l'istesso tempo: im gleichen Zeitmaß
marcato: hervorgehoben
molto cantabile: sehr singend, ausdrucksvoll
scherzando: scherzhaft, mit Humor
vivace: lebhaft

Stichwortverzeichnis

Fett gedruckte Seitenangaben verweisen auf Erklärungen in der Rubrik „Grundwissen".